U0934973

世界高端文化珍藏图鉴大系

文明史话

陶器收藏与鉴赏

任泉溪 / 主编

中国人口出版社
China Population Publishing House
全国百佳出版单位

图书在版权编目（CIP）数据

文明史话：陶器收藏与鉴赏 / 任泉溪主编 . — 北京：中国人口出版社，2020.11
（世界高端文化珍藏图鉴大系）
ISBN 978-7-5101-6946-5

Ⅰ . ①文… Ⅱ . ①任… Ⅲ . ①陶器（考古）—收藏—中国—图集②陶器（考古）—鉴赏—中国—图集 Ⅳ .
① G262.4-64 ② K876.32

中国版本图书馆 CIP 数据核字 (2020) 第 100685 号

文明史话：陶器收藏与鉴赏

WENMING SHIHUA：TAOQI SHOUCANG YU JIANSHANG

任泉溪 主编

责任编辑：魏志国
排版制作：文贤阁
出版发行：中国人口出版社
印　　刷：北京市松源印刷有限公司
开　　本：787 毫米 ×1092 毫米　1/16
印　　张：18
字　　数：275 千字
版　　次：2020 年 11 月第 1 版
印　　次：2020 年 11 月第 1 次印刷
书　　号：ISBN 978-7-5101-6946-5
定　　价：128.00 元

网　　址：www.rkcts.com.cn
电子信箱：rkcts@126.com
总编室电话：（010）83519392
发行部电话：（010）83530609
传　　真：（010）83519401
地　　址：北京市西城区广安门南街 80 号中加大厦
邮　　编：100054

PREFACE

陶器历史悠久，在新石器时代就已初见简单粗糙的陶器，且一直属于生活用品范畴。但随着人们对陶器认识的不断提高，它被很多专家学者定义为我国最古老的工艺美术品，现今已成为颇受专业收藏者及普通百姓青睐的收藏品。

我国陶器在悠久的历史中涌现出了许多杰出的品种，唐三彩、明清紫砂等都是陶器中的佼佼者。优秀的陶器工艺品不仅有实用功能，还有出众的外观，能够给人独特的审美享受。

前言

陶

前言

本书详细介绍了陶器的起源、制作工艺以及陶器与社会文化的关系，并以时间为顺序，从史前陶器到隋唐陶器以及明清紫砂，详细介绍了我国陶器艺术发展的辉煌历程，并结合数百幅精美的实物图片，以图文并茂的形式，让读者更加直观地欣赏到陶器独特的艺术风格和制作工艺。

鉴于编者水平有限，书中难免会有错误和遗漏，敬请广大读者批评指正，以便再版时加以修订。

CONTENTS

目录

目录 CONTENTS

第一章 陶器的渊源

何为陶器

一般来说，使用陶土烧制而成的器皿都可称为陶器，用瓷土烧制的器皿则可以称为瓷器。陶瓷则属于陶器和瓷器的综合称谓。也可以说，只要是以不同的黏土——陶土和瓷土——为原料，之后经配料、成型、干燥、焙烧等制作工艺，最终做成的器物均可称为陶瓷器。

我们仅从字面上理解，就能明白“陶”和“瓷”的差别是很明显的，在原料和物理性能等方面区别则更大。陶器和瓷器的具体定义，到目前为止，尚无严格和公认的国际统一标准，不同国家和地区的陶瓷专家对于两种器物的理解和释义都不同。在国内，古陶瓷专家的意见也不尽相同。但通过多年的学术研究、探讨和交流，最终也形成了一套区分陶器和瓷器的标准。

汉代 陶器

1. 陶器

陶器使用普通的黏土制胎，黏土主要由硅和铝的氧化物构成，还含有铁、钾、钙等金属氧化物；胎体的烧结温度随黏土里氧化物的不同而变化，通常烧制的温度不会超过 1000℃，故而烧制的器皿胎质较疏松，吸水率高，敲击后发出的声音并不清脆。器物的表面一般不施釉或只涂低温釉及彩料。

东汉 古陶瓶

2. 瓷器

瓷器所采用的胎是由耐高温焙烧的特殊黏土制成的。制造瓷器的黏土主要是高岭土，其中还有长石、石英石等成分；烧制时，温度只有超过1200℃才具备瓷器的物理性能，胎体烧成后吸水率不足1%，甚至不吸水，胎质坚硬结实，组织细密，叩击之后可听到清脆的金属声。胎体外均施高温玻璃质釉。

现代 仿制陶壶

东周 陶杯

现代 仿制黄釉陶罐

我们区分陶与瓷的依据主要包括两方面：一是胎的原料，二是烧制的温度。原料和温度是内外因的关系。胎土主要的化学成分是氧化铝和氧化硅，陶土和瓷土当中含有多少氧化铝和氧化硅以及烧制温度的高低，对陶器与瓷器的质地和外观的影响都非常明显。

一般陶器胎体中氧化铝的含量较低，故而不可高温烧造，过高的温度可能导致胎体变形。瓷器胎体中氧化铝的含量很高，器物经过高温的焙烧不会变形。同时，氧化硅在高温下发生熔融流动，将瓷器胎体内的空隙填实，才使瓷器胎体不吸水，敲击时发出清脆的金属声。

汉代 陶罐

3. 过渡性的古陶瓷器

这种器皿介于陶器和瓷器之间，也就是说，是一些“半陶半瓷”“非陶非瓷”的过渡性陶瓷器，专家称其为“釉陶”与“原始青瓷”。

釉陶是一种上釉的陶器，釉陶的生产时间为从战国到汉代，秦汉时期是釉陶的兴盛期，东汉后期的瓷器烧制技术渐渐成熟，釉陶逐渐消失。釉陶烧制的温度非常高，胎质的坚硬度也超过了普通陶器。胎体表面常常挂有一层低温薄釉，釉色青黄。釉陶的特征接近陶器，因此被归为陶器。

现代 仿制汉代陶罐

原始青瓷是陶器逐渐变为瓷器的过程中出现的一种低级阶段的青釉瓷器。原始青瓷最早出现在商代，胎土呈灰白色，器物表面通常挂黄绿色或青绿色的釉。烧制原始青瓷所需要的温度通常为1200℃左右，成品的主要特征基本上与瓷器相同，因此原始青瓷也是瓷器。原始青瓷经过西周、春秋、战国、秦汉时代，制作水平已经大大提高，至东汉时期，已发展成真正的青瓷。

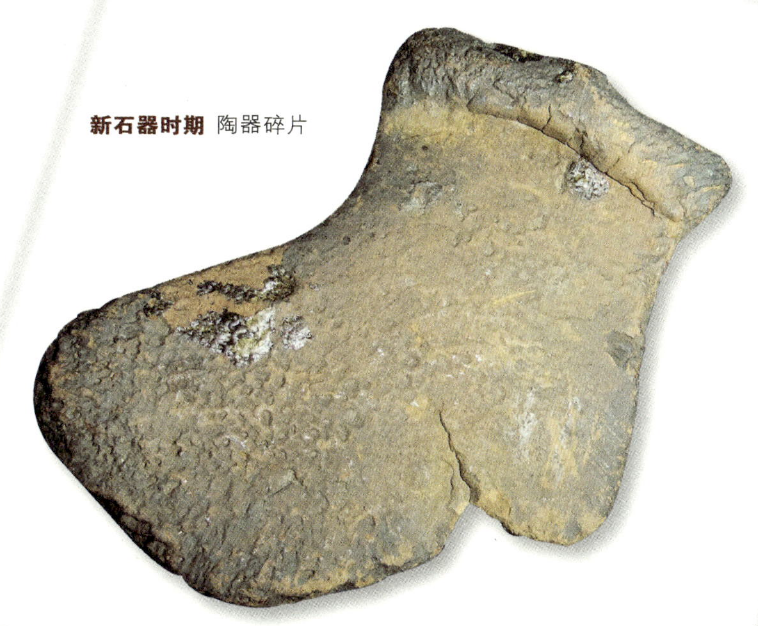

新石器时期 陶器碎片

如今我们在对陶器进行鉴别的时候，常说到“古陶瓷”一词，“古”是指古代，我们对于“古代”的时间界定是在封建社会结束的时候，即清王朝消亡的1911年，在此之前生产制造并遗留下来的陶瓷器，都可称为“古陶瓷”。

汉代 三管陶器

陶器的起源

泥陶工艺出现在 29000 年前，许多古代文明出土文物都可证实。人类社会发展到一定历史阶段便出现了陶器。陶器的发明，是划时代的重要标志。在漫长的石器时代，为了生存下来，人不得不努力改进工具，最初是利用石击石的方法粗略打制出石器，其后还制造出了石镰、石斧等较为复杂的石器，随后出现了磨制的方法，许多形状端正、表面光滑、精细锐利的新石器都是用此方法制成的。人类在发明了弓箭和石球之后，生活领域扩大了，于是不再满足于自然界的赐予，人们可以凭借自己的想法进行生产，最终得到生活资料。工具的进步也给畜牧业和农业的发展奠定了基础。

石器和陶器都是原始人依靠智慧和劳动创造出来的。石器仅仅是

汉代 兽足陶奁

从一种自然的形状逐渐变为人为的形状，而陶器则需要人们将黏土制作成一定的形状，之后再经过高温烧造，从而变成陶器。因此我们可以说：陶器制作是人类最早通过化学变化，将一种物质变成另一种物质的创造性活动，这是人们依靠智慧改变自然的一个重大创举。

汉代 双耳陶罐

汉代 带耳陶壶

原料与焙烧是制作陶器不可忽视的要素。

原始社会人们掌握了制陶方法——黏土经火烧后便可以做成陶器，不过这也经过了从认识到实践，再从实践到认识的重复过程。陶器还没有发明之前，人们通常用篮子来盛放、搬运果实。可是篮子不能汲水，因此，当时的原始人迫切地希望得到一种能够盛水和煮食物用的容器。之后人们受到地面水坑积水的启发，将盛满积水的小土坯挖出来放在篮子内，形成了一种简陋的土制容器。这种容器一旦放在阳光下晒干，就自然地成为土器了。但是土器容易破碎，故而只能盛放干的食物，盛水和煮食物则不行。但是土器的出现，也说明了先民对于黏土的性能有了基本的了解，向陶器的出现迈出了第一步。

西汉 陶青罐

陶器的产生如果细化到工艺流程上，一个巨大的飞跃就是“烧”，正是这一步让土器发展为陶器，也只有经过火烧的土器才能够经受漫长的岁月，最终保留至今。

陶器出现的最直接原因便是火的利用。大约在 170 万年前至 70 万年前的元谋人时代就有了用火的痕迹，被焙烧的黏土会变得坚硬，这都给了先民创作的灵感，由此发明了陶器。

火的利用最早在旧石器时代。人类从认识和了解野火，发展到人工摩擦取火，逐渐摆脱了茹毛饮血的生活。人类开始食用熟食，火也带来了温暖和光明。当人们逐渐熟悉火的功能后，一系列新鲜事物都出现了，人们发现火坑内经过火烧后的土块变得更坚硬，慢慢也发现了用黏土制作的容器再经火烧就会变得坚固、耐用。于是，人们将土器放入火中焙烧，烧制出来的器物便是陶器，人们用它来盛水或煮食物。陶器的发明，是人类开始利用火之后创造出的最早、最重要的一个科学发明。

分析一些古代陶器的造型，我们可以发现起初的陶器一般都是模仿某些器物，例如篮筐制成的陶盆、陶罐以及模仿葫芦的形状制成的陶瓶等。从制作方法来分析，我们能发现最初的陶器都是手制和模制的，如以篮子为外模，在内部涂泥制坯，或以篮子为内模，在外侧涂泥成型。陶瓷专家提到的“篮纹”便出现在最早的陶器上。再从烧造上看，最初的陶器烧成温度并不高，我们可以因此推测最初的陶器并非在窑内烧成的。在陶窑没有出现以前，陶器极有可能只是在平地的木柴、草秸上烧制成的，故而导致烧结温度很低。云南傣族在 1950 年以前，还有在平地堆烧的原始烧制方法。后来为了提高烧造温度，人们发明了陶窑。

汉代 青釉陶熏

新石器时期 陶罐

龙山文化 渠纹陶器

从土器到陶器，人类利用火发明了一种全新的器物，这是人类器物利用史上的重要一步。陶器的发明其实并非一个地区或某一个部落古代先民的专利品，许多古代的农业文明在长期的生活实践中，都曾独立制作出陶器。

从 20 世纪 60 年代开始，我国考古学家逐渐在南方地区发掘出距今万年左右的早期陶器遗存。科学考察的结论是，距今 15000 年，中国南方便出现了制陶的试验，到距今 9000 年左右大致完成了陶器的发明和探索。通过这些数据可以确定，距今 15000—9000 年，中国陶器进入了试验和起源的阶段。距今 9000—8000 年，当农业性的村落在黄河流域和长江流域产生时，制陶技术已经日臻成熟。

中国早期陶器起源在南北方各有一个中心。南边的中心是南岭一带，这个中心曾出土了许多新石器时代的土陶。这一地区遍布石灰岩洞穴，这些洞穴不但给早期人类提供了非常好的生存条件，还给发明陶器、培育水稻、孕育新石器时代早期文化提供了不可忽视的地理基础。北边的中心则在北京附近，这一中心的几个遗址在距离上相距不远，年代上紧密衔接，文化内涵也比较相似。两个中心分居中国南北，在地理上相距较远，因此我们断定南北方的陶器起源是独立的。从年代上来说，南方地区可能略早于北方。

远古的陶器都有原料粗糙、造型简单的特点，可是我们并不能因此忽略其伟大性，因为这是人类利用化学变化制造器物的尝试。它的发明，大大地提高了原始先民的生活质量。

陶器的原料

制作陶器的原料是黏土，黏土本身具有如下几个优秀特性：黏土掺水后会变得异常柔软，具有极强的可塑性；黏土经过高温烧造，其中含有的易熔物质会将未熔物质的间隙填补起来，其成品的内部结构会非常致密，且这个过程是不可逆的；烧制而成的器物能够经受高温的炙烤，且不易透水。因为拥有这些特性，黏土成了制作陶器的优质材料，它是大自然赐予人类的一件厚礼。

新石器时期 素陶罐

现代 菱形纹陶罐

地壳中的石英类岩石因地壳变动而露出地面，又因经受长期风化而最终形成黏土。黏土主要由硅和铝的氧化物构成，其中有少量的铁、钾、镁、钙等元素。在自然界中，黏土的储藏丰富，不过不同地区的地质、气候具有差异，黏土中金属元素的含量也不同，铁的含量更是不一样。正是因为这些不同的存在，才导致了陶器在烧制火候、颜色方面的差异。通常来说，含铁量较高的黏土烧成后的陶器颜色较深，当铁的含量较低时，则陶色较浅。不过，当人们更多地了解黏土的特性后，便可以人为地控制某些元素的多寡，从而制造出优质、多彩的陶器。

现代 螺纹陶罐

能够把自然界中非常常见的黏土制作成简单而实用的生活必需品，是古人的一项伟大创造。陶器能够给食物的盛贮和烹饪提供必要的方便，提高了人们的生活质量。然而，对先民而言，陶器不仅解决了生活中的那些实质性问题，还对艺术素养的提升也有所帮助。先民自身具有的那种浪漫特性也会让他们带着无法抑制的艺术冲动，艺术化地加工陶器的造型和装饰，将个人的审美观、宇宙观和宗教信仰用艺术的形式表现在器物上。

东晋 陶瓶

陶器制作工艺

◆ 选择原料

制陶的泥土要使用可塑性较强的黏土，其中有代表性的是胶质土、河谷沉积的泥土等。陶土选好后先要使用河水进行淘洗，清除掉其中的杂质，这样便可以确保陶器表面的细腻和光滑。最早的时候，陶土加工不经过淘洗，后来人们逐渐学会了淘洗，因而出现了泥质陶、细泥陶等陶器种类。另外，增加部分羼和料可以改善黏土的性能，这些掺入的料包括砂粒、蚌壳、谷壳、草木灰、植物茎叶等。砂粒和蚌壳磨碎之后掺入黏土中可以提高耐火性能，保证陶坯经受高温也不会开裂。而谷壳、植物茎叶作为原料掺入黏土中则可以减少烧造过程中的变形，进而提升成品率。生活中很常见的夹砂陶、夹炭陶，就是掺入了一定比例的上述辅料而制成的。

新石器时期 马厂式人形纹壶

经过挑选之后的陶土还需要粉碎、炼土和储泥。粉碎能够让胎质变得更细腻，炼土和储泥则可以保证黏土充分混合和发酵，这对于提高黏土的可塑性有很大帮助，经过这些操作后，陶器的胎质也会变得更细腻致密。

新石器时期 黑纹陶罐

我国早期制陶使用的黏土中铁的含量是比较高的，所以早期的陶器大部分是红色、灰色，例如仰韶文化中的红陶。而在黄河下游的某些地区，还有利用铁含量较低的黏土烧制的白陶，这种白陶的原料与瓷土已经非常接近了。

新石器时期 黑陶器

◆ 成型方法

新石器时代的陶器使用软体材料制作成型，软体成型使用最多的方法是手制、捏塑、泥条盘筑、泥圈套接、模制、轮制、磨光、烘烤等，这些方法在使用时是分先后的，通常都是先手制，再轮制。

宋代 龙纹陶罐

商代 扁形樽壶

早期的陶器主要使用手工制作成型，在陶器文明发展的鼎盛时期，陶器的制作工艺也出现了显著的发展，从原始的贴敷模制法转而采用泥条盘筑法。泥条盘筑法就是把调制完毕的泥料搓成条状，从底部盘筑到器物的口部，利用泥浆进行黏合，将连接痕迹去除，最终便可制作成型。当然手制的方法说起来容易，制作难度却很大，仅仅利用泥条是做不成的，还需要进行模制，之后再进行磨光和烧制，最终才能完成。经过了上面的那些工序才能够将一件完整的陶器制作出来。不过只利用这种方法进行制作完成的陶器外形不够整齐，器物的外壁比较厚，效果并不理想，而我们在新石器时代彩陶文明当中看到的陶器的工艺水平，要更加精美。

通过研究仰韶文化中出土的陶器便可以发现许多彩陶器皿使用轮制加工后留下的痕迹，不过这还不是真正的轮制加工，而是在手制的基础上使用了慢轮修整的工艺。利用陶轮作为辅助手段对手制陶器进行修整，使陶器的成型工艺得到进一步发展。陶轮也叫“陶车”，是一个圆形的工作台，工作台下方设置了一根轴，只要让台面旋转就可以修整陶胎，从而提升工作的效率。这种技术多出现在新石器时代的彩陶制造中，仰韶文化时期彩陶最常见的成型工艺就是使用陶轮。马家窑文化时期也发现了很多使用陶轮加工的彩陶。

半坡文化 条带纹陶器

随着时间的推移，在新石器时代晚期，轮制成型的方法已趋于成熟，并被广泛运用在陶器制作中。轮制通常是将泥条放在陶轮上，之后加速旋转，借用提拉的方式将陶泥捏塑成型。这种方法同样也推动了陶器技术的成熟，不但陶器的成型速度加快了，而且制作完成的胎体上器壁均匀，表面非常规整。由此可知，新石器时代彩陶成型的时候主要利用手制技术，包括捏塑和贴塑的工艺，到后期又出现了慢轮修整的技术，至此，新石器时代陶器的造型技术上了一个新的台阶。另外我们还可以知道，新石器时代彩陶发展到后期，细节处理同样出色，例如底部修胎、打磨胎体等，设计这些其实是为了增加陶器的美感。

仰韶文化 枝条纹单耳陶壶

新石器时代 细线纹陶器

◆ 绘制方法

新石器时代陶器的装饰方式主要是绘画。彩陶上面有精美的绘彩，主要是黑彩，红、白、棕、银白是辅助的色彩。纹饰的特点是繁简得当，线条横竖交错，构图合理，写实和写意的结合非常完美，具有对称美，体现了当时人们的审美水平。

不管是黑色、红色还是别的颜色，其颜料都是由矿物质制成的，颜料特点是耐高温、不分解、浓淡分明、不脱落、不怕水。如果研究纹饰本身，则可以发现色彩强弱、浓淡程度的对比，类似毛笔笔触，而且不止一种。因为不同的纹饰要用不同类型的笔来绘制，应该有硬毛和软毛之分，由此可以知道，中国的类似毛笔的绘画工具实际上在新石器时代已经出现。

新石器时期 网格纹陶壶

陶器的纹饰主要以几何纹和动物纹为主，其他类型的纹饰很少见。新石器时代的彩陶纹饰相对而言比较传统，和同时期的其他陶器大致相同，只是在纹饰的排序上稍有不同。新石器时代陶器的绘制线条相对复杂，多是粗细兼备，擅长利用粗线条与细线条的区别来凸显图案的立体效果，直线、斜线、弧线交替进行勾勒和描绘，不同的线条在使用时也会形成依附的关系，相互融合之后形成整体。无论直线和弧线都很顺畅，彩陶纹饰绘制都是熟练的工匠制作的，他们在绘画态度上相当认真，力求精益求精，达到最好的艺术效果。

新石器时代陶器的装饰非常符合时代特征，构图的内容包括造型、线条、勾勒的方法、成型的状态等许多方面，整体要求对称，后期风格略自由化。色彩的利用也相对简单，主要颜色是黑彩，其他色彩少见。

新石器时期 陶瓶

唐代 猴哨

宋代 素陶碗

新石器时期的陶器纹饰多为写意，寥寥几笔便能勾勒出一幅意趣盎然的画面，有小部分的写实图案，早期以鹿、蛙、鱼纹等为主，其他类型的写实图案并不常见。新石器时代的彩陶器在功能上已经脱离了实用，转而变成了艺术品和神秘的器皿，有时候更接近于礼器功能。正是因为此类功能，才确保了纹饰的精致，不同的创作手法综合运用，在创作上大胆使用远景和近景、写实和写意、主纹和辅纹等不同的技法。

通过观察实物可以发现，新石器时代的彩陶在绘彩之前通常在泥胎上先挂上一层陶衣，这就类似化妆土的意思，陶衣能够增强色彩的对比性，是创作好作品不可缺少的条件。

◆烧制条件

在新石器时代陶器的制作过程中，除了前面讲述的造型、绘画、胎质等内容外，还有就是窑内烧造。在窑中，高温烧制的胎体会发生许多化学反应，若火候掌握不好，则陶器可能出现缺陷。

唐代 红陶侍女俑

唐代 红陶卧马

新石器时代的陶窑相对简陋，多为平地式。当时的烧成温度往往比较低，通常在 700℃左右，到了陶器文明鼎盛的时期，窑炉的温度慢慢上升，大地湾文明时期的窑温已经可以达到 900℃左右，仰韶文化时期的窑温还要更高，马家窑文化时期同样如此。

彩陶是一种意识形态色彩比较厚重的特殊器皿，与陶器的烧制条件关系非常复杂。如果对比烧造的技术，就可以发现灰陶的工艺比红陶更好，灰陶实际上是在红陶的基础上烧造而成的。在烧造时如果窑炉封闭得不好，器物就可能出现氧化的问题，烧造后就会出现红色、橙红等颜色；窑炉封闭得好，烧造出来的色彩则会变成灰色。仰韶文化时期不但出现了以橙色为主色调的彩陶，还有很多精致的灰陶制品，如果从烧制的条件和技术上进行分析的话，仰韶文化确实可以烧造灰陶。

现今的陶器多通过制作好的石膏模，将制备好的坯料采用滚压成型、挤压成型和注浆成型等成型的方法制成所需要的坯件。成型后的坯件送去烘干，若产品是杯子则不用立刻送去烘干，应先风干送去黏杯耳，黏杯耳之前要先把杯口改平滑，用泥浆把杯耳黏牢再把泥浆洗掉，完成后再烘干。烘干后要用高压风管检查是否有空浆、裂耳。若没有就可以进行修胚，在滚动器上用砂纸把产品的上下端的棱角和侧面等多余部分打磨平整。经过洗水和上釉，就可以开始烧制了。

唐代 红陶罐

第二章 陶器和文化的关系

陶器

陶器文化的出现

陶瓷代表了人类文明的一个方面。人们在逐渐熟悉火的使用之后，陶器就变成了人类最日常、最普遍的工艺品，一直到今天陶器都未能退出人类的日常生活。这也体现出了陶瓷在人类文化发展史上存在普遍性和独特性。

唐代 红陶男俑

在世界范围内，陶器的出现时间是新石器时代早期。根据世界陶瓷艺术的发展历史可以分成两大源头。两大源头分别是中国和西亚。如果我们查阅考古资料就可以知道：世界上的许多新石器遗址都有陶器出土，陶器的发展是从土陶、彩陶、黑陶或红陶向釉陶发展的过程，这一过程同时也伴随着人类文明的发展。大约在公元前 7000—公元前 6000 年，西亚各地先后发展到了有陶新石器时期或发达的新石器时期。最早的陶器还可以称为土器，其后有厚胎的素面灰褐陶，最终出现彩陶。如果综合来看中亚、南亚、东南亚和中亚新石器时代的陶器，便可以发现这些地方的陶器明显受到了西亚新石器文化的影响。西亚的新石器文化通常向北非尼罗河流域和欧洲东南部传播，之后这些地区均相继出现了陶文化。新石器时代的陶器广泛地在全世界出现，这反映了人类文化的普适性。

唐代 红陶壶

唐代 红陶天王俑

中国考古学研究人员曾经发现了年代最早的陶器罐碎片，这个陶器碎片出现在江西省仙人洞遗址内，这一遗址距今约 20000 年。中国对世界文化有巨大的贡献，其中瓷器的发明和传播便是其中之一。瓷器的雏形是原始青瓷，原始青瓷是陶器向瓷器过渡阶段的产物。我国出现的最早的原始青瓷是在山西夏县东下冯龙山文化遗址发现的，这一遗址距今 4200 年。

我国比较成熟的瓷器最早出现在东汉时期（公元 25—220 年）。浙江绍兴上虞县上浦小仙坛就出现了东汉晚期的瓷窑址和青瓷，这种瓷器在外观以及显微结构上均摆脱了青瓷的原始性，已经是真正的瓷器了。中国最早被世界认识是因为瓷器，中国的陶瓷器具有历史悠久、造型优美、质地精良、装饰新颖等特点。回顾陶瓷器发展的历史，我们不难发现它的科学、艺术和文化价值。

因为陶瓷具有稳定的物理、化学等特性，故而残件也能够完整保存制作时的信息，我们甚至可以在原始的彩陶上发现先民清晰的手印。陶瓷的器型和装饰都反映了对应年代的礼仪制度、社会风俗、审美观念。我们因此可以说陶瓷是使用量很大、制作工艺也非常丰富的一种工艺品，这也是人类独特的文化载体。

唐代 红陶小猪

陶瓷的文化地位

中国具有非常悠久的历史，陶瓷为人类社会的进步与发展做出了难以估计的贡献。中国陶瓷制作和创新成就巨大，在世界文明以及人类发展史上留下了浓墨重彩的一笔。陶瓷是中国人发明的，瓷器的发展、成熟、兴盛也都在中国。中华民族对美的追求与塑造同样也表现在陶瓷创作的方面，不同时期的陶器都有非常典型的艺术特征。因此，古陶瓷史是中华民族文化发展史的一个重要组成部分。

唐代 红陶鸡

唐代 红陶牛

在 8000 多年前的新石器时期，我国的先民就开始制造和使用陶器了。中国陶器和瓷器的发明也都经历了冗长的岁月，特别是瓷器，制作工艺从简单变为复杂，产地从小部分地区扩大到大部分地区。不同的制品具有不同的时代特点和地方色彩，这都形成了中国陶瓷的基本特点。

我国古代的制瓷工匠都很擅长因地制宜地选材，完美把握原材料的性质，进而将陶瓷器的内在质量与外形美进行完美的结合，最终达到互相衬托、相得益彰的效果。从我国陶瓷艺术发展的过程中，能够理出三个时期的发展脉络，即从新石器时代到商代，陶器器身开始有釉，不过仅仅是薄釉，而且釉色不稳定，挂釉是陶瓷发展过程中的第一次飞跃；从商代经汉魏至宋代时，南方出现了高温烧制的青瓷，质地细密，胎釉结合牢固，釉层清澈，釉面晶莹有光泽，这代表了陶瓷发展中的第二次飞跃；宋代之后，江西景德镇的工匠发现了优质的原料——高岭土，进行精细加工后采用适宜的装窑方法与烧成温度制成瓷器，成品的瓷胎与釉质量都出现了极大的提高，胎土筛选方法也有所改进，使瓷器的质量有了显著提升，这是瓷器发展的第三次飞跃。

唐代 红陶男俑

唐代 胡人俑

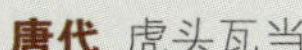

唐代 虎头瓦当

我国陶瓷装饰艺术出现的最早时期是新石器时代的彩陶文化时期。其中有一些古文化遗迹具有代表性，像黄河中上游的仰韶文化、马家窑文化，黄河下游的大汶口文化、龙山文化，长江中下游的良渚文化等。其实在最原始的陶器上就可以发现大量装饰的痕迹，器物的造型或彩陶的纹样也都能够直观地反映先民们质朴的审美情趣和天才的想象力。彩陶纹样装饰不管是在色彩的运用方面还是构图方面，都能够体现出超凡脱俗的艺术美。彩陶发展到今天已有几千年的历史，陶瓷装饰艺术同样伴随着社会的不断进步而有所发展，装饰的图案慢慢从粗犷发展为细腻，从单一到繁杂。装饰手段和装饰内容也都发生了巨大的变化，以至于有了我们今天常见的青花、粉彩、五彩、三彩等。陶瓷艺术家们不仅继承了先人的优良传统，还吸收了古代劳动人民的技巧和经验，努力提升陶瓷装饰的艺术水平，再结合其他工艺当中的可取之处，丰富自己的创造内涵。但是无论怎样发展，中华民族文化固有的文化内涵没有改变。

陶器和礼仪的关系

陶瓷经过长期的发展，在历史上一直承担着日常用品和祭祀礼器等多种功能，甚至在一段时间内充当了身份等级的象征物。

唐代 黑陶罐

唐代 黑釉陶器

元代的吴澄在《赠陶人郑氏序》中曾经记录："古者四民各世其业，故工有世工而子孙以之。为氏者有虞氏尚陶。其后阏父为周陶正，周赖其利器用，而阏父之子得封于陈。今东昌郑氏以善陶名，数百里间凡民之用器、官之礼器咸资焉，其功岂让于阏父也。"这段话真实表明了陶瓷在古代社会的功能与作用。

陶器用作礼器在《礼记》当中也有记录："器用陶匏以象天地之性也。"宋人聂从义在《三礼图》当中也有解析："陶匏乃太古之器，历夏、殷、周随所损益，礼文不坠，以至于今。其间先儒不言有饰，盖陶者资火化而就，匏乃非人功所为，皆贵全素自然，以象天地之性也。"意思就是陶器被发明以后，一直作为礼器延续着。商周发明了青铜器，同样没有废除陶器的礼仪功能，大概是因为陶器朴素天成的品德象征着天地之性。

原始社会的彩陶使用与部落成员的身份和等级有非常紧密的联系。在青海柳湾墓地发掘的仰韶文化马厂类型墓地中发现，墓主人生前的身份不同，随葬的彩陶数量也是不一样的。一部分墓葬里只有十几件陶器，而最多的一座墓葬仅陶器就有八九十件，而且多数都是彩陶。

新石器时代晚期，大汶口文化向山东龙山文化逐渐过渡，墓葬用陶也体现了很鲜明的等级和贫富差别，在陶尊、陶质牛角号上刻有图像文字等象征身份和地位的随葬品在很多大墓中出土。

夏代 陶器

现代 茶叶钵

现代 三阳开泰陶器

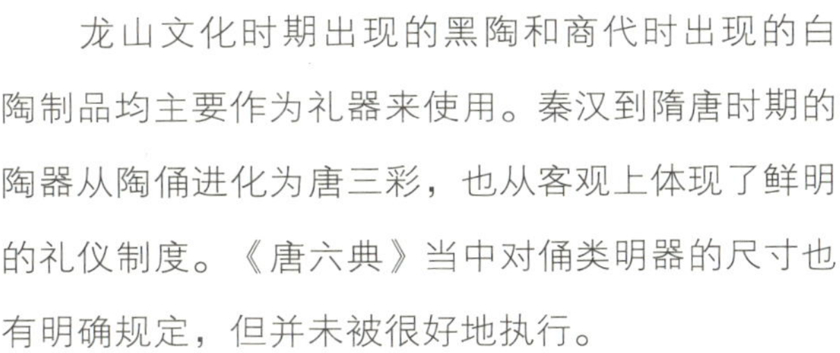

龙山文化时期出现的黑陶和商代时出现的白陶制品均主要作为礼器来使用。秦汉到隋唐时期的陶器从陶俑进化为唐三彩，也从客观上体现了鲜明的礼仪制度。《唐六典》当中对俑类明器的尺寸也有明确规定，但并未被很好地执行。

《明会典》当中有这样的记录："陶器，诸司职掌。凡烧造供用器皿等物，须要定夺样制，计算人工物料。如果数多，起取人匠，赴京置窑兴工。设或数少，行移饶、处等府烧造。"在这里我们可以了解到烧制陶器的详细规定。一方面是皇宫日常生活需要和用于赏赐的物品；另一方面皇室祭祀祖先的时候举行一些盛大的法事，它通常作为祭祀的器具。

现代 仿古蛙纹陶罐

第三章 种类多样的史前陶器

仰韶文化陶器

中国史前陶器最发达的时期是仰韶文化时期。仰韶文化发育的地区为黄河中游，该文化属于新石器时代文化，最早发现的仰韶文化遗址位于河南渑池县的仰韶村。仰韶文化陶器的主要类型是红陶，灰陶较少。红陶常用黑彩进行装饰，不同地区的自然环境和文化传统不同，彩陶纹饰也各具特色。

仰韶文化时期半坡类型的陶器上有两种图案很流行：人面和鱼纹。细泥红陶通常是敞口卷沿，内壁使用黑彩描画出人鱼合体的图案。某些陶器表面会使用鱼网纹进行装饰，通常来说，此图案与制作精细的细泥陶盆常一起出现，这也能够给人们丰富的想象空间。不过对于造型的解释，有诸多不同的观点，有人将其看成面具，还有人认为这是图腾。虽然我们可能再也无法弄清楚先民为何设置这种造型，但可以肯定的是，这类制造精细而且装饰华丽的彩陶器不只是日常的器物，还非常可能是先民为某种重要活动而制作的，纹饰中多次出现的人面与鱼、鱼网纹的结合，直观反映出人们和水的密切关系。

仰韶文化 鱼纹陶盆

半坡类型陶器部分盆、钵的口沿上还经常可以看到刻画的符号。有的符号是一道竖线，还有二道竖线、X形、Z形、钩形、T字形等形状，符号虽然简单，但是研究价值非常高。

庙底沟地区出土的陶器最初发现于河南陕州，纹饰和半坡类型有比较明显的差异，大部分是变形的几何图案，常见的是圆点、钩叶、条纹、弧线三角纹等纹理组合之后形成的连续带花纹，还有小部分的鸟、蛙等动物纹样。彩绘通常装饰在器物外壁，以黑彩和涂有白色陶衣的彩陶为主，还有少量的红彩。

仰韶文化 陶盆

鹳鱼石斧纹陶缸是仰韶文化中一件著名的器物，出土于河南的临汝，属庙底沟类型。陶缸的高度为 47 厘米，口径为 32.7 厘米。陶缸外壁使用浓艳的彩绘描绘出一幅耐人寻味的图画：一只圆眼、长嘴、两腿直立的水鸟，水鸟昂头且身体稍稍后倾，嘴上还衔着一条大鱼。水鸟的对面插着一把长柄的石斧，能够清晰地看到石斧上的孔眼、符号和缠着的绳子。整幅图画异常清晰地描绘出了水鸟在水中运动的姿态和神情，创作者好像想凭借这幅图传达某种特殊的含义似的。器物的制作者想借此传达什么信息呢？通过研究陶缸的形制，可以对这件作品的制作意图进行推测。陶缸造型是敞口、直筒形，底部正中有穿孔，故而我们能够确定它不是一件实用的容器，很有可能是专门为丧葬或某种宗教活动而制作的器物。图案中出现的鸟和鱼据推测可能是不同部落图腾的形象，石斧则有可能是陶缸主人特殊地位的象征。在我国青铜器时期，斧、钺一类的工具通常都代表了权力，象征着部落首领的统治权。

仰韶文化 陶瓶

庙底沟地区出土的动物造型的鼎也具有相当出众的艺术美感。陕西华州区挖掘出的黑陶大鹰鼎，鹰的目光犀利，整体外观生动精致，堪称中国早期艺术史上的精品。

除了半坡类型和庙底沟类型的陶器之外，仰韶文化别的类型（例如史家类型、西王村类型、后冈类型等）出产的彩陶也各具特色。彩绘使用的纹路通常是几何纹，比如S纹、X纹、带状纹、弧线纹、螺旋纹、同心圆、波浪纹、兰草纹、锯齿纹等，不同的纹饰用不同的组合表现在陶器表面，能够让陶器具有出色的动感，充分体现了新石器时期人们的审美情趣。

仰韶文化 双耳陶罐

◆ 半坡陶器简介

半坡类型彩陶一直都是仰韶文化彩陶中的代表性艺术品，器型主要为彩陶钵，罐、瓶、盆也很常见。半坡彩陶虽然不实用，但并没有因此放弃对实用性造型的要求，口部、腹部、底足都有完全不同的造型。通过总体的观察，我们可以发现，半坡类型彩陶的造型具有简洁、明快的特点，器物通常为薄胎，有非常温和的手感，具有浓厚的艺术气息。彩绘的纹饰主要有天象、动物、植物、几何纹，基本涵盖了人们生活中的方方面面，线条流畅，苍劲有力，彰显出了仰韶文化时期人们对彩陶的那种狂热喜爱。

半坡类型 人面鱼纹盆

半坡类型 陶器

半坡类型彩陶有非常丰富的造型，复杂多变，经历了从简约到复杂的过程，细节部分体现在口部、唇部、沿部、耳部、颈部、腹部、底部等若干部位，在继承的基础上还有改进。

半坡类型 陶盘

◆ 半坡陶器代表器型

彩陶钵

在仰韶文化半坡类型中，彩陶钵是最常见的造型，总量位居彩陶造型的首位。

半坡类型彩陶钵口部有相对复杂的造型，敞口、敛口、大口等都是常见的类型。彩陶钵口部一方面延续了传统，另一方面又借鉴了同时期陶钵的造型。早期陶器侧重的就是实用，因为实用性的要求，陶器大都具有硕大的口部造型。在同时期以及更早的时候，陶器口部的主流造型同样是大口，这种趋势在半坡类型彩陶钵上面也有所体现。

具体到唇部的造型，半坡类型彩陶钵的特点则为圆唇、尖唇、尖圆唇等，方唇、方圆唇等造型并不多见。

仰韶文化 彩陶钵

仰韶文化 彩陶钵

半坡类型彩陶钵的腹部造型相对复杂，常见的造型有弧腹、微弧腹、斜弧腹、曲腹、微曲腹、鼓腹、微鼓腹、折腹、下腹内曲、腹深、腹斜直内收、直腹等。彩陶钵本身的功能如果出现异化，相对应的造型也会随之变化。

半坡类型彩陶钵的底部造型有圜底、平底等，底部的特征相对简单。从已出土的器物来看，可以发现圜底的彩陶钵并非最多，最多的是平底。

仰韶文化 红彩陶钵

仰韶文化 彩陶盘

彩陶盆

在仰韶文化半坡类型中，彩陶盆是常见的造型，半坡各遗址当中常可以发现彩陶盆，但数量上远不及彩陶钵。

通过观察出土的器物，就能够发现半坡类型的彩陶盆的沿部造型比较复杂，主要的造型有卷沿、斜折沿、平折沿、宽沿、折沿、窄沿、短沿稍外翻、宽沿微卷等。

观察口部的造型，常见的类型有敞口、敛口、大口、微敛口等。通过分析彩陶盆标本，可以发现口部的显著特点是大口。

如果分析唇部的造型，我们可以知道半坡类型彩陶盆的类型主要有圆唇、平唇、方圆唇、卷唇、尖唇、尖圆唇等，最常见的就是圆唇，数量也是彩陶盆当中最多的，尖圆唇的彩陶盆数量已经不多了。

仰韶文化 彩陶盆

半坡类型 陶器

半坡类型彩陶盆的腹部造型相对复杂，常见造型有扁鼓腹、弧腹、斜弧腹、曲腹、鼓腹、折腹、下腹内曲、直腹等。代表性的半坡类型彩陶盆的腹部造型就是折腹，其特点为线条流畅，造型优美。

半坡类型彩陶盆底部的主要造型为圜底、平底、小平底、大平底、凹底等。通过观察则可以发现，半坡类型彩陶盆的底部大多为平底。平底的设计比较符合其实用性的要求，可以平稳放置，便于保管。

良渚文化 黑陶豆

彩陶壶

仰韶文化半坡陶器中常见彩陶壶，彩陶壶同样是彩陶器皿当中最重要的造型之一。

彩陶壶口部的造型最常见的有小敞口、直口、侈口等。通过观察标本发现，小口是最常见的口部造型。当然，半坡类型彩陶壶也不单单是小口，挖掘的时候也发现许多口部造型稍大的彩陶壶，这些壶口部的尺寸最大的有 10 厘米左右。彩陶壶在新石器时代是一种艺术品，制作相对精致，很难发现粗糙品质的彩陶壶。

仰韶文化 彩陶器

新石器时期 绳辫纹陶器

彩陶壶唇部的主要造型有圆唇、尖圆唇等，很少见到其他造型。最常见而且数量最多的造型是圆唇。半坡类型彩陶壶的圆唇设计和实用功能关系密切。彩陶壶发展到后期最终异化成艺术品的一种，逐渐失去了实用性，转变成陈设器皿，用来供人们欣赏，因此尖圆唇就自然而然变成彩陶壶的典型唇部造型了。

半坡类型彩陶壶常见的颈部造型有长颈、圆颈、细颈、细长颈、较短颈等。较为常见的是细长颈。

仰韶文化 黑陶器

具体到腹部的造型上，半坡类型彩陶壶常见的造型有圆腹、浑圆腹、鼓腹等。彩陶壶的腹部造型同样也延续了实用陶壶的腹部造型，许多陶壶的腹部都非常鼓，典型的腹部类似蛋壳的陶壶，人们称为“蛋形壶”，其数量是非常多的。

良渚文化 黑陶瓶

半坡类型彩陶壶的底部造型设计很简洁，主要的造型有平底和小平底等。平底造型通常都很规整，外形为圜底，极少见到不规则的造型。半坡类型彩陶壶同样在造型上改变了实用陶壶多样化的造型，将其固定为一种造型——平底。而平底造型主要是为了能够平稳放置。

半坡类型彩陶壶主要分为有耳和无耳两类，两种器型的数量基本相等。有耳陶壶的类型有单环耳和双环状耳等。双环状耳部的设计有利于平时的使用。不过使用这种设计的彩陶壶并不多，多数会去掉耳部，最终的造型是无耳的。无耳彩陶壶造型简洁，挺拔俊秀。

半坡类型 灰陶贯耳瓶

彩陶瓮

仰韶文化半坡类型当中彩陶瓮的造型是较为多见的，大量遗址中都出土了彩陶瓮，不过总量上并不占优势。

半坡类型彩陶瓮的口部造型有敛口、微敛口、大口等。敛口的设计灵感主要来源于实用陶瓮，此种借鉴并非随意，因为实用陶瓮的本质就是使用，因此最终发展出了内敛的口部，依靠这样的设计才能保证其储藏功能。

新石器时期 灰陶高足豆

仰韶文化 彩陶瓶

半坡类型彩陶瓮的唇部造型有圆唇、方唇、方圆唇等。方唇和方圆唇作为主要的特征，也和彩陶瓮的功能联系密切。陶瓮是盛器，历史上也曾作为储藏器，唇部的设计和碗不一样，更加贴合人们的需求。彩陶瓮的唇部并未借鉴实用陶瓮的圆唇，设计的造型是方唇和方圆唇。方唇和方圆唇的造型看起来非常厚重，也相对贴合半坡类型彩陶瓮作为一种艺术品的功能。

半坡类型彩陶瓮的腹部造型主要是深鼓腹、鼓腹、深腹、圆鼓腹等。彩陶瓮的腹部特征充分借鉴了同时期的实用陶瓮。借鉴的同时，由于器物的功能出现异化，彩陶瓮逐渐成了一种具有礼器意味的工艺品。这都客观地要求彩陶瓮腹部的造型变得更加精美，而且造型要具有象征意味，半坡类型的彩陶瓮鲜明地表现出了这些特点。深鼓腹造型是实用陶瓮的最基本特点，如果把这种特点移植到彩陶瓮上，就出现了明显的象征意味。高深的腹部整体非常挺拔，鼓腹的外观比较丰满，因此常给人端庄肃穆的感觉。

半坡类型彩陶瓮的底部造型主要是平底。半坡类型彩陶瓮的造型结合了艺术品的造型，平底的造型迎合了彩陶瓮的美学要求，因为这时的彩陶瓮已经不需要像实用陶瓮那样盛放粮食和不停地搬动了，底部特征则需要变得更加平稳，器物整体会变得更加精致。

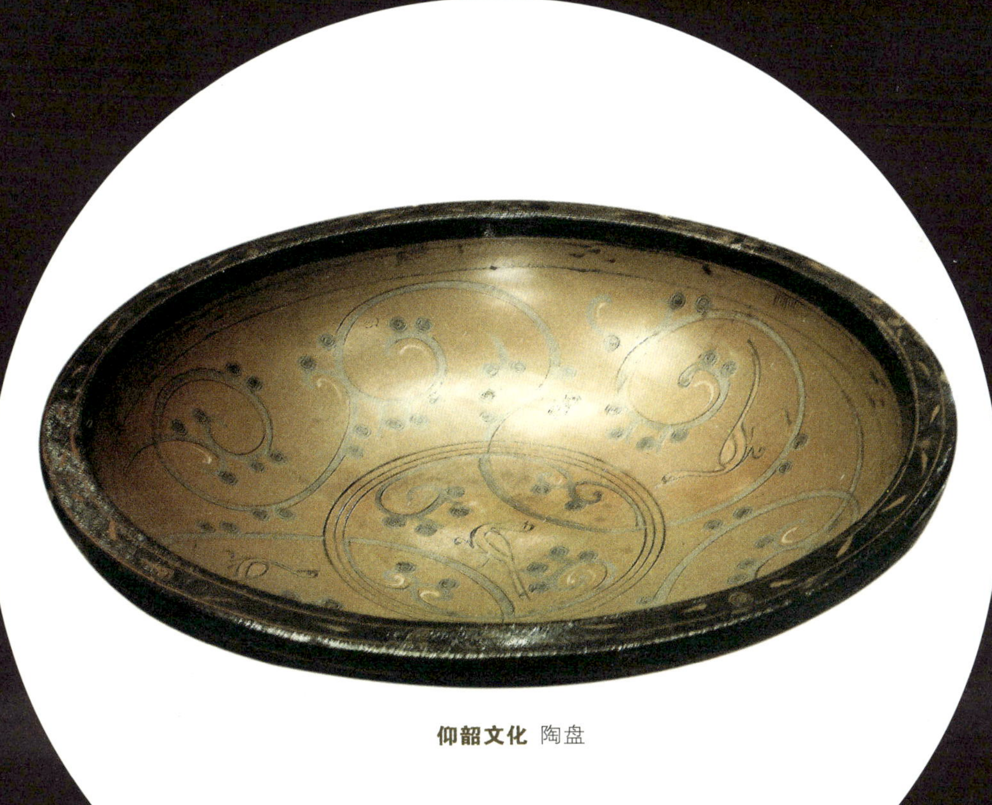

仰韶文化 陶盘

仰韶文化 陶盘

彩陶罐

仰韶文化时期，半坡各遗址中都出土过彩陶罐，不过数量并不多，这说明半坡类型彩陶罐并不流行。

半坡类型的彩陶罐口部造型相对复杂，平时见得最多的就是直口、敞口、敛口、侈口、微侈口、大口微侈、小敞口等。半坡类型彩陶罐口部造型多样，这也是彩陶罐向精致化过渡的一个标志。

半坡类型彩陶罐的唇部造型有圆唇、方唇、方圆唇、窄圆唇等。新石器时代有很多陶罐的唇部造型主要是圆唇，陶盆的唇部造型主要是方唇，而半坡类型彩陶罐在唇部特征上将这两种造型集于一身，这说明在仰韶文化半坡时期人们对于彩陶罐的唇部造型非常重视，正在向多元化的方向发展。

半坡类型彩陶罐的沿部造型比较简单，最常见的造型有卷沿、折沿、宽沿、侈沿、折沿微卷等。通过研究出土的器物，发现宽沿、侈沿的造型经常和折沿结合在一起，和宽折沿微卷的造型比较类似。

仰韶文化 彩陶罐

半坡类型彩陶罐的颈部造型较为复杂，最常见的造型是短颈、短束颈、束高颈、束颈等。从具体造型上看，主要以短颈和束颈为主，短束颈的造型最为常见。

半坡类型彩陶罐的腹部造型很复杂，常见的造型为鼓腹、扁圆腹、上鼓腹、扁鼓腹、折腹等。这些造型有两大特征：一是鼓腹，二是以扁和圆相辅助。

半坡类型 葫芦瓶

仰韶文化 陶豆

半坡类型彩陶罐的底部造型有圜底、平底、大平底等。半坡类型彩陶罐中圜底的数量进一步增加了，造型不再过于复杂。为了稳定放置，其底部造型以平底为主，圜底的出现也是受传统的影响。圜底的彩陶罐比较少见，数量不多。

半坡类型彩陶罐的耳部主要有双耳、单耳、桥状耳、小桥状耳、环耳、双小耳等类型，由此可知彩陶罐在耳部造型上相对繁杂。此时期的耳部造型的分布是很均衡的，都比较常见，没有哪一种耳部造型是一枝独秀。

河姆渡文化陶器

1973年夏，浙江省余姚县的河姆渡村发现了一处震惊世界的考古遗址——河姆渡遗址。这一处遗址完美地呈现了新石器时期的文化内涵和民俗风貌，引起我国史学界和考古学界的很大关注。

河姆渡遗址分布在浙江余姚河姆渡村的北侧，南面便是起伏叠嶂的四明山脉，姚江紧靠着河姆渡的遗址缓缓东流，奔向大海。河姆渡的先民就是居住在这样依山傍水的环境下。河姆渡遗址的发现纯属偶然。1973年6月，政府在此修建翻水站，开掘水闸基坑，结果却发现了大量的动物骨骼和陶器，长江文化的新源头随之浮现。

河姆渡文化 陶罐

河姆渡文化 夹炭黑陶器

河姆渡先民在这片湖沼荒野之上创造了让人惊叹的文明。他们出现在 7000 年前的长江流域下游，在一片片河湖沼泽中立起了木桩，并且建造出了独特的干栏式建筑。考古学家按照一些遗迹复原了一幢幢房屋，这种房屋非常类似云南的高脚楼。河姆渡人已经告别了原始的刀耕火种的生活，转而开始耜耕农业。他们不仅会纺织麻布，还会制造骨哨吹出悠扬的音乐。除了那些制作精美的骨器，他们还制作出了精美的陶器艺术品。在一些发掘出来的陶钵上，人们还可以清晰地发现动物的形象。通过遗址中发现的动物骨骼可知，狩猎是河姆渡人获取肉类的主要途径。

河姆渡陶器的主要类型是夹炭黑陶，这种陶器的烧制温度较低，胎骨疏松，器物的壁也比较厚，造型不够精致。器具的装饰上常可以看到细密的绳纹和刻花纹，还可以看到一些动物纹。在陶器制作上，虽然河姆渡遗址的陶器基本上都是手工制作完成，且种类不多，但是却出现了甑。在那个时候，人们已会利用蒸汽来蒸熟食物，确实了不起。

大汶口文化陶器

大汶口文化分布在山东、江苏北部、安徽北部和河南中部等地区，距今的时间为 6000—4000 年。大汶口文化经历了三个发展时期。

大汶口文化 白陶罐

早期：公元前 4300—公元前 3500 年间。代表文明是刘林、王因遗址。红陶数量占到了很大的比例。著名的器型有觚形器、釜形器、钵形鼎、彩陶盆、钵等。彩陶主要为单色，具体分成了红彩和黑彩，后期大量出现了白陶。陶器的纹饰主要有花瓣纹、圆点钩叶纹、菱形纹等。

中期：公元前 3500—公元前 2800 年间。代表文明是大汶口墓地里的早期和中期墓地遗址。器物的类型有折腹罐形鼎、实足鬶、大镂孔圈足豆、深腹背壶等。早期的花瓣纹在彩陶纹样上经常见到，配以波折纹、方格纹，随后还有红色圆点彩绘的图案出现。

大汶口文化 陶鼎

晚期：公元前2800—2500年间。代表文明是大汶口晚期墓地遗址。晚期的灰黑陶、黄陶的数量大增。著名器物类型包括篮纹鼎、袋足鬶、折腹豆、瓶、磨光黑陶高柄杯、篮纹大口尊等。彩陶逐渐变少，螺旋纹大量出现。

大汶口文化陶器主要用手工方法制成，一些口沿部还会使用慢轮进行修整，使用这种技术做成的陶器就是轮制陶器。陶质也比较细腻，主要为红陶。大汶口陶器的主要类型是灰陶、黑陶，特别是一些细泥薄胎黑陶，器物的表面经常是光洁、乌黑的。还有一些利用高岭土制作的白陶，颜色洁白，烧成温度也比较高。

大汶口文化 白陶罐

大汶口文化陶器的表面通常有磨光的处理，纹饰则主要有划纹、弦纹、篮纹、镂刻纹、圆圈纹、三角纹等，另外可以看到大量的镂空装饰，镂空也是大汶口文化陶器的一个显著特点。彩陶的纹样也具有鲜明的风格，纹样类型则包括网点纹、条带纹、圆圈纹、三角纹、水波纹、旋涡纹、花瓣纹、网纹、钩连纹、连弧纹、八角星纹等，在纹饰当中，八角星纹、花瓣纹具有非常鲜明的地域特征。

大汶口文化 陶器

大汶口文化 黑陶

大汶口文化陶器的主要类型是平底器和三足器，圈足器的数量也很多。至今发现的很多器物都带嘴或带流，带把、带盖等情况也很多见。器型有鼎、鬶、盉、豆、觚、杯、罐、樽、壶等，不同的造型有不同的特点。其中鼎的造型具有多样化，包括盆形、钵形、罐形和釜形等几种。鬶的种类则有空足、实足之分。背水壶是大汶口文化所特有的器物。大汶口文化制陶技术的代表作是黑陶高足杯，其烧成温度较高，制作的工艺非常高超。

马家窑文化陶器

马家窑文化于 1923 年在甘肃的临洮马家窑村最早发掘，出现于新石器晚期，是重要的史前文明留存，包括的主要类型有马家窑类型、半山类型、马厂类型。分布的地域很广，主要区域是甘青地区，文明时期为公元前 3300—公元前 2000 年。马家窑文化有相当发达的彩陶制造水平，彩陶在陶器中占据了很大的比例。

马家窑文化 变体蛙纹罐

马家窑文化的彩陶具有优雅的造型，主要器皿有瓶、盆、罐、杯、瓮、壶等。不同文化的类型在彩陶的造型上也是不一样的。马家窑类型的主要器皿类型包括盆、瓶、罐等，而半山类型的主要以罐、壶为主，马厂类型多以壶、罐、盆为主。

马家窑文化 彩陶条纹壶

马家窑文化 彩陶大缸

马家窑文化的彩陶和仰韶文化的彩陶有非常密切的联系，但马家窑文化彩陶的造型具有更鲜明的特点，发展轨迹也很明显。马家窑文化彩陶有非常丰富的纹饰，弦纹、波纹、网纹、折线纹、圆圈纹、回纹、旋纹、菱形纹、条带纹、锯齿纹、叶状纹、蛙纹等都很常见，其中最常见的是网纹、条带纹、蛙纹。半山类型的装饰图案主要有网纹、锯齿纹、旋纹等。马厂类型主要是四大圆圈纹，主要的特点是回纹。综合来说，不同类型都会使用不同的纹饰，纹饰的类型都比较抽象，表现的方式是以线条勾勒，表现形式十分复杂。经常可以看到弧线、直线、斜线之间互相交叉、平行组合，线条相对密集，有粗有细，给人以艺术的享受。

马家窑文化 彩陶纹饰罐

马家窑文化的彩陶具有很强的装饰性，也拥有一些礼器的功能，伴随着时间的推移，彩陶的实用功能也渐渐地上升了。

马家窑文化 双耳水罐

马家窑文化 彩陶罐

龙山文化陶器

首次发现龙山文化的地区是山东省章丘区的龙山街道，随后在河南、河北、山西、陕西、湖南、湖北、安徽、江苏和甘肃等省份都发现了龙山文化遗址。不同地区的龙山文化的陶器起源于不同地区的仰韶文化和大汶口文化，还有屈家岭文化，也因为这样，各地挖掘出土的龙山文化陶器具有很高的相似性。尽管如此，不同地区龙山文化的特征也是很鲜明的。后世为了区别不同地区的龙山文化，进而将其命名为“山东龙山文化”“河南龙山文化”“陕西龙山文化”“湖北龙山文化”等。不同地区龙山文化出现的早晚时期也是不同的，根据考古研究发现，中原地区的龙山文化出现的年代为公元前 2310—公元前 1810 年。山东龙山文化出现的年代则是公元前 2010—公元前 1580 年。各个地区的龙山文化都有比较长的发展时期，因此一部分学者将这个时期称为“龙山时代”。

龙山文化 白陶器

我国中原地区的龙山文化制陶业一方面继承了前期仰韶文化的基础，另一方面还有自身的发展和创新。早期龙山文化的陶器基本都是手工制作，器物口沿部分则使用慢轮进行修整，使用接底法进行成型，就是将器身和器底分别制成再进行结合，故而许多陶器的下端留有底部边沿贴住器壁的痕迹，龙山文化的罐类器物上能够直接地观察到这些痕迹。龙山文化的陶器主要是砂质黑灰陶和泥质黑灰陶，泥质黑灰陶（包括黑皮陶）的数量较少，还发现少量的红陶和白陶，彩陶和彩绘陶数量更少。

龙山文化 蛋壳陶杯

龙山文化 黑陶小耳瓶

龙山文化的陶器种类与以前的陶器种类相比明显增多，饮食器皿的类型增加得最多。龙山文化陶器不仅在造型工艺上独具特色，而且还增加多道甚至通身饰以若干附加堆纹。这种纹饰不光可以装饰，还可以加固器物本身，而且还产生了一些新的器型，如双耳盆、深腹盆、筒形罐等许多既美观又实用的陶器。陶器的表面要进行磨光，条纹类型有划纹、弦纹、篮纹、方格纹和绳纹等。晚期龙山文化的陶器除了灰陶之外，黑陶、红陶的数量也大大上升。这时期轮制技术有了进一步的发展，可还不是主要的手段，制作中仍以手制为主，部分陶器使用了模制的工艺。陶器种类相比早期有显著增加，分布范围也更加广泛。传统的陶器类型有鼎、罐、甑、觚、杯、壶、碗、豆、盘、樽等。晚期的器物腹部普遍扩大变深，器型随之变化，有的地区还发现了一种扁腹器皿。

另外，因为地区的差异性，河南和陕西的晚期龙山文化陶器出现了器型上的巨大差异。前者的代表器型有双耳杯、折腰盆、高颈鼓腹罐、矮颈鼓腹双耳罐、小口折肩深腹罐等，炊具则是大量的绳纹鬲，但是

龙山文化 黑陶杯

龙山文化 黑陶大腹罐

鼎等陶器比较少见。主要的纹饰是绳纹，篮纹相比早期的数量更少，方格纹逐渐取代了篮纹，但数量也不是很多。陕西龙山文化的陶器种类较为简单，主要器型为绳纹罐、单把鬲等，而单耳罐、双耳罐和高颈折肩罐等器型则与齐家文化比较类似，主要的纹饰是绳纹和篮纹，方格纹却极其稀少。

龙山文化的白陶由较高的温度烧制而成，部分白陶器物叩之可发出类似瓷器的金石声。迄今发现的白陶制品主要为敞口、长颈、细腰、宽沿、袋状足等形状，还有一定数量的白陶碗和白陶盂。有些白陶的原料类似高岭土，其共同特点是氧化铁的含量比一般陶土低得多，因而烧成的成品为白色。白陶的出现，对于陶过渡到瓷起到了十分重要的作用。

龙山文化时期生产力继续发展，制陶工具出现了陶垫和慢轮等，陶刀也逐渐变成了石刀和石镰。成品在产量和质量上都有了明显的提高。蛋壳黑陶依然是山东龙山文化的代表性产物。还有大宽沿的高柄杯，这种制品的胎质十分轻巧，胎壁仅 0.5~1 毫米厚，造型精致，体态优美，是我国古代制陶业的代表性作品之一。

龙山文化 黑陶瓶

龙山文化 花口灯笼尊

陶器收藏与鉴赏

史前的陶器类型

◆ 彩陶

1. 仰韶文化中的彩陶

彩陶的发现和制作最早可以追溯到仰韶文化的大地湾遗址。大地湾遗址包含了五个阶段的文化：前仰韶文化、仰韶文化早期、仰韶文化中期、仰韶文化晚期和常山下层文化。经历的历史区间从距今 8000 年一直延续到距今 5000 年。其中距今 8000 年的一期文化便是我国西北地区发现的最早的新石器文化。中国彩陶的起源地便是大地湾遗址，一共挖掘出了 4000 多件陶器，还发现了 35 座旧窑址。其中距今约 8000 年的大地湾一期文化遗存当中发现了三足钵等 200 多件彩陶，这是我们国家迄今发现的最早的一批彩陶。

仰韶文化 红陶尖底瓶

仰韶文化 人头型器口彩陶瓶

时间推移到大地湾二期时，彩陶的制作技术逐渐完善了。二期出土了一只人头形器口彩陶瓶，这只瓶子高度为31.8厘米，瓶口是人头的形状，这一陶器的形状类似母腹，整件陶器融造型、雕塑、彩绘艺术于一体，被专家誉为我国目前史前雕塑艺术的代表性作品之一。这个时期还出土了一个系列的彩陶圜底鱼纹盆，花纹按照时间的顺序进行排列，则有写实的鱼纹、抽象的鱼纹和变形的鱼纹。其中一件鱼纹盆直径达51厘米，是我国发现的直径最大的鱼纹盆。

彩陶通常使用的原料是河谷沉积的中砂性黏土，黏土的粗细和含砂的情况不同。经过 800℃至 900℃的温度烧制，不同的温度会导致彩陶的颜色不同，会形成橙红色、砖红色、褐红色、灰色和黑色等。彩陶为手工制作，成型的方式则是泥条盘筑法，另外辅助的方式有手捏成型、粘接成型等。器物的类型则有平底碗、钵、盆、小口尖底瓶、细长颈瓶、直口罐、斜沿罐、深腹瓮、鼎、釜、甑、灶等。

人面鱼纹彩陶盆的高度为 16 厘米，口径为 39.5 厘米，1955 年在陕西西安半坡遗址出土后，被中国社会科学院考古研究所收藏，它是仰韶文化半坡类型彩陶代表作品之一。

彩陶器的器表通常带有彩绘。将农田中生成的铁锰块碾碎之后做成黑色或黑褐色颜料，另外还利用铁含量很高的土红或赭石配成红色，用白净瓷土配成白彩，陶坯做成后自然阴干，再用毛笔进行绘画。画好后用卵石等工具进行打磨，这样就能保证陶器烧成后彩纹牢固地固定在器物表面。彩绘以黑色为主，也有红色。有些地区如豫西一带，彩绘的时候还会先在表面涂上一层白色的衬底陶衣，以使彩绘出来的花纹更为鲜明。绘饰的内容主要是形形色色的几何形纹，例如 S 形、十字形、网形、水波形、涡纹形和钩叶形等，还使用动物（如鱼、蛙、龟、鹿）和植物（如花果、谷叶、树枝等）图案，以及人物纹样。这些花纹多装饰在细泥红陶钵、碗、盆和罐的口部和腹部。

仰韶文化 黑纹彩陶

仰韶文化 双耳瓶

2. 仰韶文化半坡类型彩陶

1953 年在陕西西安的半坡村最早发现，因此得名，据推算已经有 6300 多年的历史。半坡彩陶遗址是我国众多彩陶文化中历史较早、特点突出、影响很大的一种。半坡彩陶的遗址主要集中在河流沿岸，类型则包括葫芦瓶、长颈瓶、卷唇盆、圜底盆、钵及小口细颈大腹壶。直口鼓腹尖底瓶是一种典型的器物，造型也比较简单。

半坡彩陶的早期纹饰主要是像生形。就是说一件器物上，装饰只占到一小部分，纹样通常是自然的形态。半坡纹饰形象非常可爱，充分体现了人类的天真稚气和与自然的亲切关系。仔细体味，便有一种和自然融合到一起的感觉，可以说是半坡人原始生活的记录。

纹饰使用的形象包括：①动物纹，装饰的图案是鱼、蛙、鹿及鸟，主要的纹路则是人面鱼纹、鱼纹、鱼鸟结合等，这种纹路的特点很鲜明，时代特征明显；②几何纹，通常是由抽象处理的动物纹、植物纹、编织纹演变而来，有宽带纹、三角纹、曲折纹、斜线纹等；③编织纹，有线纹、篮纹、绳纹等。

仰韶文化 彩陶罐

仰韶文化 黑陶彩盆

3. 仰韶文化庙底沟类型彩陶

1953年发掘于今河南陕州庙底沟。仰韶文明分布区域很广，包括甘肃、青海、陕西、山西、河南等省。主要器型有盆、钵、瓶，还有瓮、罐等。器物的特点为平底、大口、曲壁、小底，形体通常都是倒三角形，整体的造型非常挺秀、饱满。仰韶文明时期距今8000—5000年。器物纹饰包括：①植物纹。以旋花纹、叶状纹居多。②动物纹。主要有蛙、鸟等，走兽比较少见。③编织纹。有线纹、篮纹、绳纹等。④几何纹。多由圆点、钩叶、弧线三角和曲线等组成带状花纹。

4. 马家窑文化彩陶

马家窑文化指的是分布在黄河上游地区新石器时代的晚期文化，最早发现于马家窑遗址，距今 5000—4000 年。马家窑遗址位于甘肃省临洮县洮河西岸的马家窑村麻峪沟口，1923—1924 年，瑞典地质学家兼考古学家安特生曾经前往甘肃、青海地区进行研究，他的助手在 1924 年发现了马家窑遗址，随后还发掘了一部分文物。1957 年开始，甘肃省博物馆对该遗址进行了更深入的研究，发现了马家窑类型叠压在仰韶文化庙底沟类型之上的地层关系。

马家窑文化 网格纹陶器

马家窑文化有非常发达的制陶业，彩陶继承了仰韶文化庙底沟类型的简洁风格，整体的表现更加精细，形成了绚丽又典雅的艺术风格，与仰韶文化相比，也有更加明显的进步，艺术成就达到了中国彩陶艺术的巅峰。马家窑文化的陶器主要采用泥条盘筑法成型，整体为橙黄色，器物的表面非常光滑细腻。在许多马家窑文化遗存中，发现了窑场，还有颜料以及研磨颜料的石板和调色的陶碟。

马家窑文化 旋涡纹陶罐

马家窑文化 旋涡纹彩陶罐

早期马家窑文化的彩陶主要为纯黑彩绘花纹，中期则是纯黑彩和黑、红二彩相间的花纹，晚期主要是用黑、红等色彩来绘制花纹。马家窑文化的制陶工艺主要利用慢轮进行修坯，还有使用转轮绘制同心圆纹、弦纹和平行纹的例子，这都能体现出这一时期娴熟的绘画技巧。彩陶的大量生产，也从侧面反映了制陶专业化的社会分工，出现了专门的制陶师。发达的彩陶制作业是马家窑文化的一个显著特点，马家窑文化的彩陶是我国所发现的所有彩陶中最典型的，而且它的内彩也特别发达，图案的时代特点十分鲜明。从 20 世纪 50 年代末开始，伴随着大量新材料的出土，马家窑文化彩陶的研究越来越受学术界关注，并逐渐转变为史前文化研究的热点。

马家窑文化 陶盆

5. 马家窑文化半山类型彩陶

半山类型的彩陶器主要有罐、壶。器物的造型类似球，器型的下半部内收，因此不能俯视足部，装饰都集中在口沿、肩和腹等上半部。

半山类型的彩陶也是在马家窑的基础之上发展而来的，比马家窑更丰富，这些作品通常具有雍容华贵的风格，是由饱满器型上旋动结构的纹饰，还有黑红相间的色彩和富于变化的纹路，以及锯齿纹、三角纹的配合，大图案里套小图案形成的。

半山类型 锯齿旋涡纹彩陶

6. 齐家文化彩陶

齐家文化距今 4000 年左右，其分布范围东到渭河流域及泾水上游的马莲河谷，西到湟水流域，南到白龙江，北到内蒙古阿拉善旗等地区。最繁荣的时候和中原地区的夏、商时代相当，齐家文化的先民过着以农耕为主的定居生活，还有很先进的畜牧业和手工业。齐家文化陶器主要为细泥质和夹砂质橙黄、褐红色陶，少见灰陶，彩绘通常涂在泥质红陶上，主要是黑彩，还有红彩和紫彩。这个时期的素面陶器比较多，主要的装饰纹路有篮纹、绳纹、弦篦纹、附加堆纹、划纹等，还有一小部分镂空工艺陶器。这些造型奇特、素面光滑的细泥质陶器十分精美可人。

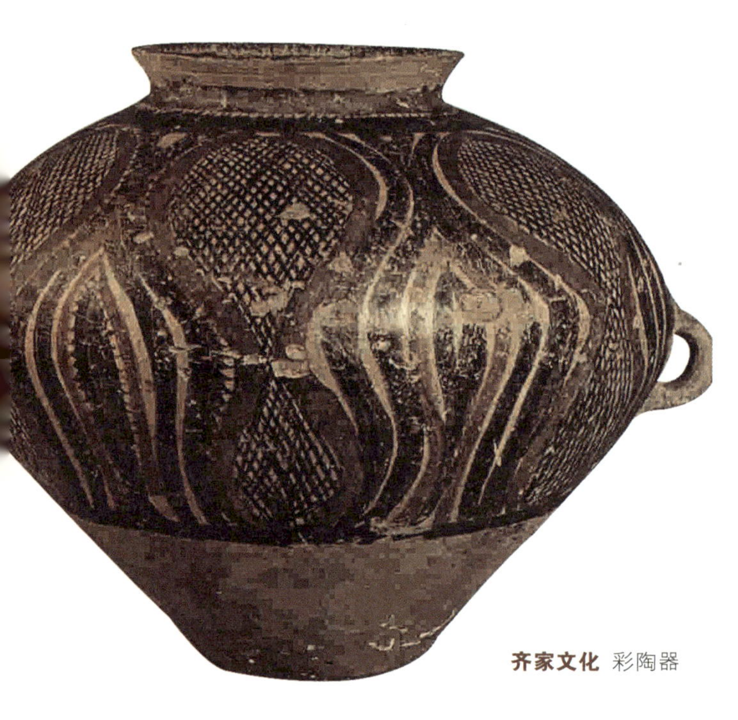

齐家文化 彩陶器

◆ 黑陶

顾名思义，黑陶器表面为黑色，仰韶文化最早出现了这种陶器，但数量很少，黑色不纯。黑陶的广泛出现是在新石器时代末期的大汶口文化、龙山文化、屈家岭文化和良渚文化等文化当中。

黑陶使用的原料为中性沙黏土、河流沉积土，这种原料经历了精细的淘洗和充分的提炼。成型的陶坯还需要进行修刮打磨。在陶窑中焙烧时，开始用氧化火焰烧制，使胎体坚硬结实，烧制将要结束时，火焰控制为还原焰，并用浓烟熏染，经过长时间的渗碳，最终黑陶烧制而成。河姆渡文化、大溪文化、良渚文化中都发现了黑陶。

黑陶的器型主要有碗、盘、盆、鼎、瓶、高柄杯、鼎罐、鬶等。龙山黑陶的类型主要有细泥、泥质和夹砂，制作水平最高的就是细泥薄壁黑陶，这种陶器的胎壁厚仅 0.5~1 毫米，表面乌黑发亮，因此得名“蛋壳黑陶”。纹饰通常较为简单，且有磨光透亮的光泽，与黑色有机结合，让黑陶显出了秀美韵致的风格。

猪纹黑陶

良渚文化孕育于我国长江下游的太湖流域，发现的地区为浙江余杭良渚镇，距今 5250—4150 年。

良渚黑陶的主要类型是夹细砂的灰黑陶和泥质灰胎黑皮陶。制作工艺主要为轮制技法，一般器壁较薄，器表大多磨光，少数有精细的刻划花纹和镂孔。良渚文化最盛行的器型为圈足器、三足器。器物的代表造型是鱼鳍形或断面呈丁字形足的鼎、竹节形把的豆、贯耳壶、大圈足浅腹盘、宽把带流杯等。器物整体造型流畅、简朴。

良渚文化 黑陶壶

龙山文化的陶器绝大部分是黑陶，故而得名“黑陶文化”。龙山文化黑陶已经有非常成熟的烧造技术，制作的陶器非常细致，烧成温度很高，整体的造型和实际使用的功能很贴近，器型部分形与线的对比和变化很有节奏。杯、壶、盆、碗、樽、罐、盘样样精美。杏是由鬶演变而来的造型，与鬶各有意象。龙山黑陶的装饰主要以素面磨光为主，往往有平行的弦纹，一般不再附加其他装饰，整体的风格非常内敛、简约，有一种清新高雅的感觉。

龙山文化 黑陶双耳瓶

◆ 白陶

夏、商、周三个朝代的陶瓷品种主要有灰陶、白陶、印纹陶、红陶等。日常生活中使用最多的便是灰陶，通常为素面，表面用非常简单的绳纹或篮纹进行装饰，还有彩绘各种复杂图案进行装饰的。在制作胎体的时候会用到拍、印、刻、堆、划等手法，这些手法都能用来体现肌理的效果。白陶以饮食器皿为主，还有豆、鼎、釜、鬲、觚等。白陶出现在新石器晚期，在夏、商、周三朝继续发展，所使用的原材料为瓷土，质地较细密，烧成温度也比其他陶器品种要高。

新石器时期 斜格纹陶壶

新石器时期 白陶瓿

白陶器物的表里都是白色。胚体通常使用手工制作，使用的土是瓷土或高岭土，含铁量比陶土低，烧成温度在1000℃左右。商代晚期，刻纹白陶出现并开始使用，是中国制陶工艺史上的一大成就。白陶的硬度、耐火度和吸水率相比以往的陶器都有提高，故而我们可以说白陶是陶器向瓷器的飞跃。

白陶器具有质地坚硬、造型美观、做工精细的特点，因此最终成了奴隶主贵族的专享之物。商代后期的白陶在制作上复杂烦琐，白陶器的精品集中出现在这个时期。西周以后，由于印纹硬陶和原始瓷器的兴起，白陶器逐渐消失。

◆ 印纹硬陶

我国陶瓷史上的硬陶非常特殊。硬陶最早出现在新石器时代晚期，比原始瓷器早，但是比普通陶器晚；地域上，硬陶多出现在南方地区，北方地区出现得很少；成分上，相比于普通的黏土，硬陶整体更加细腻而坚硬，相比于原始的瓷器则有更多的杂质，烧成温度也较普通陶器高。南方地区发现的硬陶通常是和原始瓷器一同烧制的，胎质也较为接近，我们可以将其看作同一系列的产品。硬陶器在春秋时期是质量上乘的贮存器。

现代 印纹硬陶罐

新石器时期 几何纹印纹黑陶罐

硬陶具有坚硬的质地，敲击之后会听到金属声，可用作大型贮存器，器物非常坚固耐用。器表通常密布纹饰是硬陶的一大特色。这是由于制作时匠人一手在器内撑托，另外一只手还会拿着表面有纹的拍子均匀拍打器物的表面，从而将纹饰留遍了器身。器物的表面通常装饰细小的方格纹，这种方格纹是硬陶器上最常见的装饰花纹。由于硬陶表面常有印上的纹饰，所以常称为印纹硬陶。该时期的几何形印纹拍印在深浅度和线条粗细方面都是适中的，花纹清晰，给人以华美之感。

长时间烧造白陶和印纹硬陶的经历也促进了原材料的选择与加工，商代中期的原始瓷器和西周、春秋、战国时期的硬陶变得很兴盛。胎质硬度增加，器表开始施釉，胎体致密而不吸水，而且更加美观。

新石器时期 三彩纹硬陶大罐

夏、商、周时期的烧窑技术有所改进，馒头窑改善了窑内的烧成环境，有利于提升质量。窑炉容积增大，窑室底部宽达1.8米，不同产品在烧成温度上开始加以区别。西周后期的窑炉顶部设置了烟囱，烟囱对烧造技术的改良有重大意义。这个创举，使燃料的燃烧更加充分，能够更加均匀地利用热力，还可调节空气和火焰的流速，能够更加准确地掌控火焰温度，烧成温度可达1200℃。正是因为烧窑的改进才促使了原始瓷器的出现。

新石器时期 竖条纹印纹陶罐

第四章 辉煌璀璨的先秦陶器

陶器

夏代陶器

夏代的陶器在器型纹饰以及类别上都有不同程度的发展，通常来说是承袭了河南龙山文化晚期陶器的特点。主要的类型是泥质灰陶和夹砂灰陶，很少见黑陶（包括黑皮陶）和棕色陶，最稀少的是红陶。

新时期时代 黑陶器

新时期时代 黑陶蛋壳杯

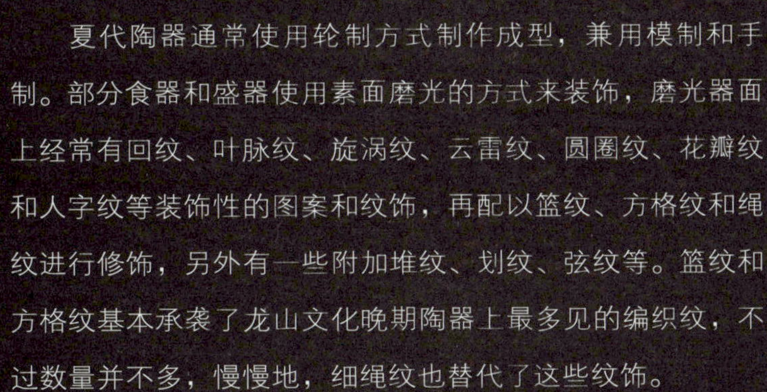

夏代陶器通常使用轮制方式制作成型，兼用模制和手制。部分食器和盛器使用素面磨光的方式来装饰，磨光器面上经常有回纹、叶脉纹、旋涡纹、云雷纹、圆圈纹、花瓣纹和人字纹等装饰性的图案和纹饰，再配以篮纹、方格纹和绳纹进行修饰，另外有一些附加堆纹、划纹、弦纹等。篮纹和方格纹基本承袭了龙山文化晚期陶器上最多见的编织纹，不过数量并不多，慢慢地，细绳纹也替代了这些纹饰。

一般说来，当时陶器表面的花纹主要是为了美观而印刷的，有一部分纹饰出现的目的是加固陶器或方便搬运。比如附加堆纹，通常都是添加到器型大而且陶胎较厚的器皿腹部，这类纹饰的出现也从侧面说明了附加堆纹一方面可以用作花纹装饰，另一方面还可以加固陶器。河南二里头文化早期的遗址中，发现了部分工艺技法精湛的陶器，器物表面装饰有浅刻的龙纹、蛇纹、兔纹和蝌蚪纹等动物形象图案，一件陶器的表面还刻有饕餮纹和裸体人像。

新石器时期 陶器

夏代陶器在形制和纹饰上基本承袭了河南龙山文化晚期陶器的特点，早期的饮器中有腹部满饰并使用堆纹装饰的高足陶鼎。陶鬶已经基本不见，而是出现了陶爵和陶盉。陶爵的雏形可能是陶鬶。食器中还有陶簋和三足盘。陶簋是从前期的陶圜足盘变化而来的。盛器中陶瓮、陶罐、陶盆的口沿和底部与龙山文化晚期相比出现了部分变化，圜底器也随之出现。在器表纹饰的工艺上，篮纹和方格纹已经大量减少，绳纹的数量在增加，并开始出现了拍印的图案纹饰。

夏的邻区文化的陶器除了二里头文化早期的陶器有诸多的共性之外，还有各自的特点。比如黄河下游一带稍晚于龙山文化的先商陶器，其质料虽然也是泥质灰陶和夹砂灰陶，不过素面磨光的黑皮陶和夹砂棕陶的数量也很多。但是，先商陶器常见的形制与河南豫西地区二里头文化早期的陶器相比有明显的区别。陶器主要的类型是折沿或卷沿的平底器，三实足、三袋状足和圈足器的数量不多。最为常见的陶器形制中，鼎、罐、甑、瓶和鬲的用途是炊器；觚、带流壶和杯等为饮器；豆和圜足盘为食器；较大的瓮、平底盆和陶缸是用来储水和粮食的盛器；还有陶制的研磨器和器盖。

陶鬶、陶鬲、平底盆和带流壶是非常常见的生活器具，但夏文化（河南豫西地区的二里头文化早期）中基本看不到这些器型。另外，其他地区的陶器特征和夏文化的陶器比较也有不同之处，这同样也反映出夏文化的陶器和周边地区其他氏族部落的陶器独特的发展序列和风格。

新石器时代 陶钵

在夏代的二里头文化遗址中，曾经发掘出白陶和白陶盉。器物的造型主要为椭圆形口，前有流，长颈内收，弧形鋬，袋状足，口部还有锯齿纹和乳钉纹的纹饰。白陶盉为圆口，前有管嘴，弧形鋬，袋状足，鋬面装饰为三角形纹。

新石器时期 大口陶器

商代陶器

商代的存在时间很长（一般认为有六百多年），整体的文化面貌较为清晰，陶瓷史家们通常把商代陶器的发展历史划分成三个时期:

商代早期的陶器主要是泥质灰陶，夹砂灰陶比夏代数量更多，有少量红陶、棕陶和白陶，而黑陶、黑皮陶已很少见。这个时期的炊器主要有鼎、罐、甑、鬲。在商代早期，鬲替代了鼎，最终变成了重要的炊器。饮器类主要为觚、爵，食器则主要有豆、簋、三足盘，盛器主要有瓮、盆、大口樽等。大口樽、圜足盘、簋是最新出现的早期器物类型。商代早期的陶器纹饰主要是印痕较深的绳纹，占到了陶器总量的 80% 左右，还有云雷纹、双钩纹、圆圈纹等。

商代 几何纹陶罐

商代 黑陶杯

商代 陶罐

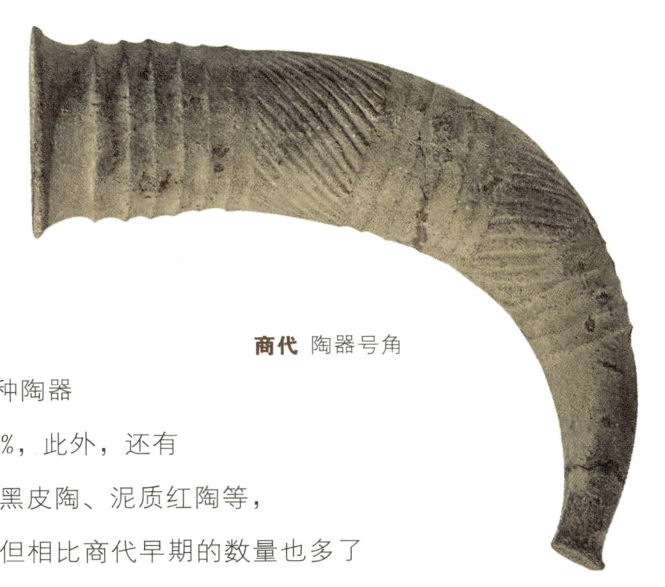

商代 陶器号角

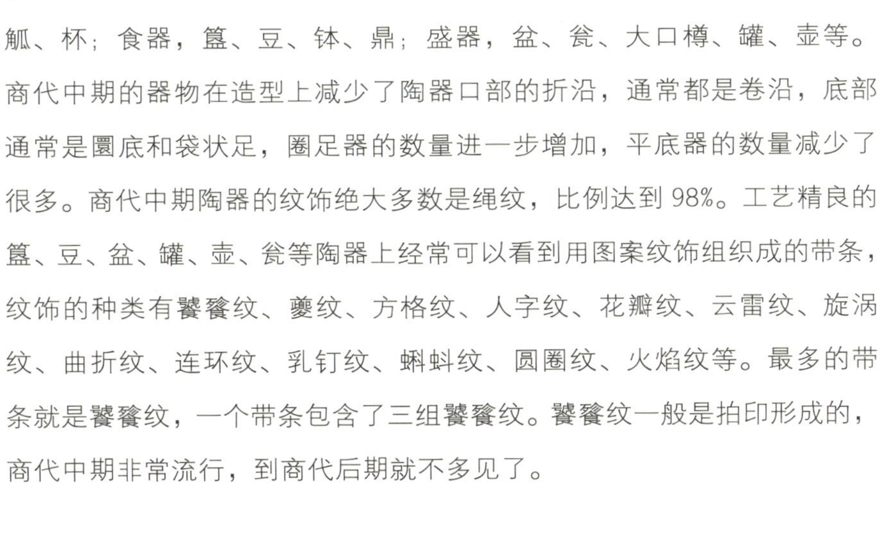

商代中期的陶器主要有泥质灰陶和夹砂灰陶，这两种陶器占同期陶器总数的 90%，此外，还有夹砂的粗红陶、泥质黑皮陶、泥质红陶等，白陶的数量也不多，但相比商代早期的数量也多了很多。器物的类型主要包括：炊具，鬲、罐、甑；饮器，爵、觚、杯；食器，簋、豆、钵、鼎；盛器，盆、瓮、大口樽、罐、壶等。商代中期的器物在造型上减少了陶器口部的折沿，通常都是卷沿，底部通常是圜底和袋状足，圈足器的数量进一步增加，平底器的数量减少了很多。商代中期陶器的纹饰绝大多数是绳纹，比例达到 98%。工艺精良的簋、豆、盆、罐、壶、瓮等陶器上经常可以看到用图案纹饰组织成的带条，纹饰的种类有饕餮纹、夔纹、方格纹、人字纹、花瓣纹、云雷纹、旋涡纹、曲折纹、连环纹、乳钉纹、蝌蚪纹、圆圈纹、火焰纹等。最多的带条就是饕餮纹，一个带条包含了三组饕餮纹。饕餮纹一般是拍印形成的，商代中期非常流行，到商代后期就不多见了。

商代 陶壶

商代 陶碗

商代晚期的陶器主要有泥质灰陶和夹砂灰陶，晚期出现了一小部分泥质红陶。我们需要特别注意的是，商代晚期白陶的发展是非常迅猛的，这种陶器占据的比例不大，可是非常名贵，故而也很重要。商代晚期的器物类型包括：以鬲、觚、甑为主要类型的炊器；以爵、觚、杯为主要类型的饮器；以簋、豆、钵、鼎为主要类型的食器；以盆、瓮、大口樽、罐、壶为主要类型的盛器等。主要的装饰花纹依然是绳纹，此外刻划纹、凹线纹、弦纹、附加堆纹、镂孔等纹路也有出现。商代中期比较多见饕餮纹、云雷纹、方格纹等，商代晚期陶器则少见这些纹饰，通过这个特点我们可以区分商代中期与晚期陶器。商代晚期陶器在造型上主要为平底器，圈足器比之前的朝代要多，袋状足很常见，而圜底器则有所减少。

西周陶器

西周陶器的主要类型是砂质和泥质灰陶，另外有少量红陶、黑陶。黑陶到了西周时期已经基本消失。制作陶器采用轮制。器表通常密布着绳纹，还有划纹、篦纹、弦纹、三角纹、附加堆纹等装饰类型，还有利用云雷纹、回纹、曲折纹等图案构成的条带纹装饰。

西周 斜格纹壶

西周时期陶器的主要形制是袋状足、圈足器和平底器。器型有鬲、瓮、盆、豆、簋、钵、罐、盘等。西周前期和后期陶器出现了不同的变化。鬲是炊器当中数量最多的。前期鬲有较高的裆部，裆部为圆弧形，也有一些夹角裆，足尖突出。到了后期，裆部越来越低，夹角形不明显，足尖消失，矮袋状足非常粗壮。部分陶鬲与同时期的铜鬲有相同的形制，带有扉棱（器物上门板状、凸起来的部分）的扁腹鬲，裆部近平，足为圆柱状，平底。甗在变化上和鬲比较相近，裆部及袋状足同样是从高到低。食器豆在西周前期通常是矮圈足以及高圈足，使用十字镂空纹装饰，后期逐渐变成了高柄喇叭形，器物的腰处常常有凸棱。簋的器型也逐渐由敛口折沿转变成了后期的敞口，到了西周末期，簋也基本消失了。西周几何印纹硬陶器主要出现在东南地区，主要器型为瓮，胎质坚硬，器物表面装饰着云雷纹、人字纹、方格纹和席纹等纹饰。

西周 白陶器

春秋战国时期陶器

◆ 春秋时期陶器

春秋陶器以泥质陶为主，夹砂灰陶次之，另有少量夹砂红陶和夹砂棕陶。常见器型，作为炊器的主要有鬲、釜、甑，作为食器的主要有豆、盂、盘，作为盛器的主要有瓮、盆、罐。此外，大约从商代晚期开始出现的专用于随葬的陶明器在春秋时期有较大的发展，有仿青铜礼器的鼎、 盘，也有仿日用器的鬲、罐、豆、盂等，造型以平底器和三足器为主，有少量圈足器。春秋陶器纹饰更为简单，主要是粗绳纹、瓦旋纹。可以看出，春秋时期的陶器不仅品种减少，而且纹饰单调，大概是因为当时的瓷器逐渐发展起来，阻碍了陶器的发展。

春秋 大口陶器

◆ 战国时期陶器

战国时期的七国和少数民族地区的陶器主要是灰陶。灰陶的利用非常广泛，百越地区当时的印纹硬陶和原始瓷器都很常见，百越人也使用大量的夹砂陶器。日用陶器的类型主要为泥质灰陶，仅有一小部分的陶釜之类的炊器用夹砂陶土制作。当时陶器主要使用轮制来制作，也有模制和手制。陶罐、陶瓮等大件器物一般使用泥条盘筑或圈筑制作出器身，再粘接底部而成。战国时期出现的许多大型器物从各个方面验证了制陶技术的进步，为秦朝高大的陶俑和陶马等高质量陶器的出现打下了坚实的技术基础。

战国 陶器

战国 陶器

战国 花觚

战国时期的灰陶当中含有砂粒，烧成温度高，质地坚硬，大多呈浅灰色和黑灰色。夹砂陶中加入了粗砂，因此有粗糙的质地，陶质较疏松。战国时期的日用陶器在形制上非常类似春秋晚期的陶器，一直到了战国中期陶器的形制才有明显的变化。当时的炊器常见的类型包括釜和甑，盛器则包括罐、壶、盆、钵和瓮，饮食用器有碗、豆、杯等。陶釜通常有半球形的圜底，装饰的纹路则是绳纹或麻布纹，这种形制更便于受热。其口沿外折或卷沿，这种设计便于放置到炉上。由此推想，战国时期土灶的利用可能已经非常普遍。其中秦国的釜、甑、盆等炊器的设计都是极其实用的。如陶釜的腹上有短颈，能够增加口部承受的力度；陶甑形如折腹盆，下腹略收，即使釜口上下不同也可使用，甑口唇面平宽，使覆盖在口上的折腹盆能够稳定地放置，不易滑落。

战国 灰陶碗

日常使用时，盆作为甑的盖，甑置于釜上，便可以组合成一套紧密的炊器了。而盛装菜肴的陶豆，豆盘的形制是深浅有度的，下装高高的喇叭形把，适应当时席地而坐的饮食习惯。陶碗则大小适中，腹部略鼓，形制很像现代的碗。盛物用的瓮与罐都有小口和鼓腹的特点，整体的线条非常美观，容量大且实用，口部很便于加盖或封闭收藏。

少数民族地区也发掘出大量具有传统民族特色的日用陶器。比如四川现在还可以看到陶杯、陶觚、陶壶、陶罐等类型的陶器。陶杯通常都是喇叭口，还有亚腰凹底，形制为束颈、球腹、喇叭形圈足，也有圆筒腹、平底，腹部环装三个不同等高的器耳，形制不同且大小亦不同。陶觚和陶罐非常像商周时期的铜觚和铜觯，整体的样子非常精美和细致。陶壶整体造型为喇叭口，椭圆腹，平底，肩部还设计了斜直的管状流，美观而且实用。这些少数民族的器物造型优美，以指甲纹和弦纹进行装饰，民族风格非常强烈。

战国 灰陶渣斗

战国 陶壶

战国时期的丧葬制度出现了改变，一些地区的贵族之墓自战国早期和中期起，逐渐将陶礼器作为陪葬品，进而代替铜礼器，部分的小型墓葬中也出现了这类情况。因此，陶礼器的制造得到迅速发展，模仿青铜器形制的陶鼎、陶豆、陶壶，都得到了大量的生产，密光、暗花、朱绘、线刻等装饰方式也得到了大量的使用，由此把陶器的制作水平提升到了一个崭新的境界。

由于战国时期各国经济发展的不平衡和传统文化的差异，不同的国家在生产陶器的组合、形制、工艺等方面均有差异。在战国早、中期部分地区的墓葬当中，经常能够看到陶鼎、陶豆、陶壶等器具。楚国墓葬当中可以见到陶鼎、陶罐和陶壶或陶鼎、陶敦和陶壶，极少发

现陶鼎、陶豆和陶壶为一组的。在秦国墓葬中往往能够看到实用陶器及仿铜礼器的陪葬品。

陪葬器物的形状各国都是有差异的，比如陶壶，秦国的壶通常为平底，带圈足的情况不多；韩国的壶颈很长，底和圈足都很小，因此比例不太协调；楚国的壶器往往形体狭长，有高圈足或假圈足；燕国的壶为圜底矮圈足，器盖上的纽高高竖起；赵国的壶盖上常可以看到向外翻的莲花瓣；齐国的壶敛口、鼓腹或椭圆腰，整体的造型很大方，肩部设置了可活动的环圈耳。另外，陶明器如陶豆、陶坛、陶罐、陶碗、陶钵和陶鼎等也有不同的形制特点，地方特色也很明显。陶明器差别也很大。普通人家的陶明器胎质并不均匀，通常陶土都不淘洗，烧制的温度也很低，胎质疏松。贵族墓葬中出土的陶明器质地则要好些，陶土经过淘洗，器型较为规则，使用轮制制作，经过了磨光或上陶衣、彩绘、线刻或压划暗花等复杂的程序。

战国 白陶碗

战国时期的印纹硬陶非常坚实而且耐用，但质地很粗糙，不适宜做炊器，只是容器的一种。制作印纹硬陶的坯泥通常都含有少量的杂质和砂粒，制作时烧制温度高，胎体已经烧结，故敲击时常发出悦耳的铿锵声，器物的表面还常能看到一层薄薄的透明体。由于其胎土中含铁量较高，因此器物做成后为紫褐色或砖红色。紫褐色的器物烧成温度高，胎壁坚硬；砖红色的器物使用较低的温度烧制而成，胎骨较为疏松。印纹硬陶的成型基本和前期情况相同，仍采用泥条盘筑或圈筑法。不过陶器的种类不丰富，主要包括陶瓮、陶坛、陶瓿、陶罐、陶钵和陶盂等，以陶罐的式样居多。通常罐、钵和盂等小件器的外形比较规则，胎壁较薄，有细麻布纹，部分陶器的肩部还附有旋涡纹或S形堆纹，成型和装饰工艺比春秋时期有了很大的提升。战国时期印纹硬陶的分布地区很广，产品的种类和造型也呈现完全不同的特色。江浙一带主要是陶罐、陶坛，还有陶钵和陶盂等；两广地区一般有陶瓮、陶瓿、陶罐、陶坛、陶缸和陶壶等，其中广东的小口四耳平底大匏壶、双蜂三足坛和三足盖盆等陶器具有非常鲜明的特色。

战国 几何纹陶罐

战国 陶钵

战国时期，吴越一带印纹硬陶的纹饰最常见的是米字纹、方格纹、麻布纹、回纹、米筛纹等，西周和春秋时期最常见的曲尺纹、云雷纹基本已经绝迹。此外，陶器的肩部加饰弦纹和水波纹的情况也很常见，在两广地区还发现饰有栉齿纹、圆珠纹和篦纹，而篦纹通常是点线状。

先秦时期的陶器种类

◆ 灰陶

灰陶多为灰色或灰黑色。成型的陶坯在烧制的过程中铁的氧化物会发生转变，使陶器的胎体呈现灰色，因此得名灰陶。还原焰的温度控制得不同，会出现灰黑、灰黄、灰褐等不同的颜色。陶土中掺入细砂便成为“夹砂灰陶”，不掺砂的称“泥质灰陶”。中国历史上灰陶生产的时间很长，也是日用陶器数量最多的品种之一。

先秦 灰陶瓶

先秦 灰陶云雷纹簋

二里头文化遗址中曾经发现了灰陶的残存。按照不同的时间，具体可以划分为二里头文化早期和二里头文化晚期。这一时期和历史文献记载的夏王朝时期基本相同。

先秦 灰陶刻划三角纹双耳罐

二里头文化遗址出土的陶器鼎多鬲少，具体的品种有夹砂长腹罐、大口樽、圈足盘、平底盆、豆、小罐等，酒器则包括觚、爵、盉等。二里头陶器主要为泥质灰陶和夹砂灰陶，黑陶和棕陶的数量则少些，红陶的数量更少。陶器通常使用轮制技术成型，兼有一些模制与手制。常见的炊器类型主要有鼎、罐、甑。陶鼎通常是敛口、深圆腹、圜底的三乳形矮足或扁状高足的罐形鼎，还有一小部分敞口、浅腹、圜底的三扁状高足的盆形鼎；陶罐通常是敛口、深腹略鼓的平底罐，圜底罐的发掘量也不少，不过也有一小部分口沿上饰有纽状花边的小陶罐；陶甑通常为敞口、深腹、平底的盆形甑。

二里头文化 双耳小陶罐

陶器上装饰花纹，食器和盛器一部分是素面磨光的，也有一部分器物制作胎体的时候利用了拍、印、刻、堆、划等手法，进而制造出了肌理效果，纹路上通常有回纹、叶脉纹、涡旋纹、云雷纹、圆圈纹、花瓣纹等纹饰和图案，绝大部分陶器在表面上还装饰了篮纹、方格纹与绳纹。夏王朝时期盛行在陶器表面加饰数周堆纹、划纹及弦纹。夏文化标准的食器是陶盘，功能类似陶豆。

夏代 红彩折肩罐

◆ 白陶

白陶的表里和胎质均为白色，是素胎陶器，使用的原料为高岭土，泥料中的含铁量在 2% 以下，因此呈现白色或接近白色，质地细腻，烧成温度在 1000℃左右。白陶主要为手工制作，后期也利用泥条盘制和轮制。商代时制作的技术出现了迅速的提高，原料经过淘洗变得更精细，掌控火候的经验也日趋丰富，因而使所烧器物愈加素净美观。

二里头文化 白陶罐

白陶的器型包括鬶、盉、爵、豆、钵、孳、壶、卣、觯等。白陶器主要发现于河南豫西一带的龙山文化晚期和二里头文化早期遗址。商代晚期白陶器出现了高度的发展，在河南、河北、山西和山东等地的商代后期遗址与墓葬当中均出土了这种陶器。河南安阳殷墟当中白陶的出土量很大，其制作也相当精致，胎质细腻而且纯白，器表的纹饰主要为饕餮纹、夔纹、云雷纹、曲折纹，装饰方法主要为刻纹和浅浮雕两种，这都是仿造该时期的青铜礼器制造的。到了西周，由于印纹硬陶器和原始瓷器的增加，白陶器数量变得很少。

陶碗和陶罐

◆ 印纹硬陶

先秦时期的印纹硬陶非常流行，这种器物的原料含铁量非常高，胎体的主要色调为紫色、红褐色、灰褐色和黄褐色。相比于普通的陶器，印纹硬陶的烧成温度更高，基本可以烧结，少数器物呈现出因熔化而形成的光泽，就像挂有薄釉一样，个别胎体烧结程度非常高，敲击之后能够听到金石声。印纹硬陶使用泥条盘筑法制作完成，初步成型之后还需要使用“抵手”抵住内壁，利用花纹拍子拍击器壁，使胎体坚密。耳鼻等附件为捏塑成型，然后将泥浆贴到器表。常见的器型包括小口深腹圜底樽、小口深腹圜底罐、直口罐等。器表的纹饰主要有叶脉纹、云雷纹、人字纹、绳纹、方格纹、回纹、曲折纹、菱形纹、波浪纹、夔纹等。印纹硬陶最早发现于江南地区新石器时代的晚期，例如江西清江筑卫城遗址的中层。商周时期印纹硬陶在江南一带有了进一步的发展，江苏、浙江、福建、广东等地都曾大量出土，器型和纹饰的发展过程是从少到多、由简到繁的。黄河流域印纹硬陶的出现晚于白陶，河南偃师二里头文化上层、郑州二里岗商代遗址上层都发现了小部分印纹硬陶。汉代长江以南地区还保留着印纹硬陶的制作。

仰韶文化 陶鹰樽

◆ 原始瓷器

先秦时期我国已经能够烧制原始瓷器了。瓷器的出现需要几个基本的条件：

1. 含铁量 2% 左右的高岭土制胎，并含有长石、石英石成分。

2. 高温烧制，温度在 1200℃左右，胎质烧结致密，不吸收水分。

3. 器物表面必须挂釉，表层有经过高温的烧制与胎体结合而成的非常牢固的玻璃釉质。

原始瓷器的制作方式脱胎于传统的制陶技术。最初在河南郑州二里岗下层遗址和湖北黄陂盘龙城商代中晚期墓等商代文化遗址中挖掘出许多瓷樽和瓷罐，以及其他器物的碎片，胎骨细腻坚硬，烧制温度应该在 1000℃以上，叩之有金属声。

先秦 原始瓷器

元代 白釉双耳罐

商代的原始青瓷已经具备了瓷器的基本条件，制作时用高岭土做胎，器物表面还涂上了釉，釉的主要成分是瓷土、石灰石和草木灰，将这些成分调和成悬浮液状涂到瓷坯的表面，在入窑焙烧时熔化，烧成温度已经达到1200℃左右。不同于陶器，瓷器基本不吸水，或者是吸水性极差。商代的原始青瓷的吸水性只有1％或更低。胎体中二氧化硅的含量基本同唐宋时各名窑瓷器相同，都超过70％，氧化铝含量超过17％，经过炉内高温的焙烧，烧结良好，吸水性很弱，达到了瓷器的标准。在物理性能方面，例如比重、硬度、莫来石结晶的发育程度，与成熟的瓷器已经基本相同，敲击后也有清脆的金属声。以上内容均证明商代已经出现了原始瓷器。

西周时期原始青瓷有了比较高的制作工艺，青釉瓷的生产地区主要为长江中下游地区，出土的数量有很多，器型也比黄河流域丰富。制作的方法主要为泥条盘筑法，器型不甚规则，战国时期开始采用轮制的方式。初期主要器型有豆、碗、尊、罐、瓮、钵等。江南地区商代晚期的器型种类也增加了许多，例如簋、盂、双耳尊、盉，战国时期主要为鼎、钟等仿青铜礼器的器型。

西周 青釉瓷

第五章 大气的秦汉魏晋陶器

陶器

秦代陶器

具有秦代特征的陶器集中在关中地区的秦都咸阳和临潼秦始皇陵周边，主要是秦俑坑和秦代墓葬当中的遗存。我国其他地方的陶器，除非有确凿的文字依据证明与关中地区的秦代陶器相同，否则是很难区分的。一般说来，秦代陶器的形制非常类似战国晚期的陶器，很多出土的陶器上面都能够发现许多战国晚期陶器的特点。

秦代 大陶罐

秦代 彩绘蒜头壶

秦代时期平时使用的实用陶器通常为泥质和砂质灰陶，也有少数的红陶。不同种类的陶器在用途上也是不同的，在陶坯用料的处理上同样有了差异，或掺砂或不掺砂，也由于含铁量的不同、烧成温度的高低和烧制环境的不同，导致陶器颜色和坚硬程度也不一样，因此会有泥质灰陶、泥质红陶、泥质黑陶、夹砂灰陶、夹砂红陶、泥质硬陶和泥质软陶等各种类型。随葬的陶明器，像陶鼎、陶敦、陶盘、陶匜等，虽然装饰繁缛，有的还涂有朱绘彩，但是制作上都显得粗劣不精，质地也比较疏松。

秦代 彩绘陶俑

秦代 黑陶粮仓

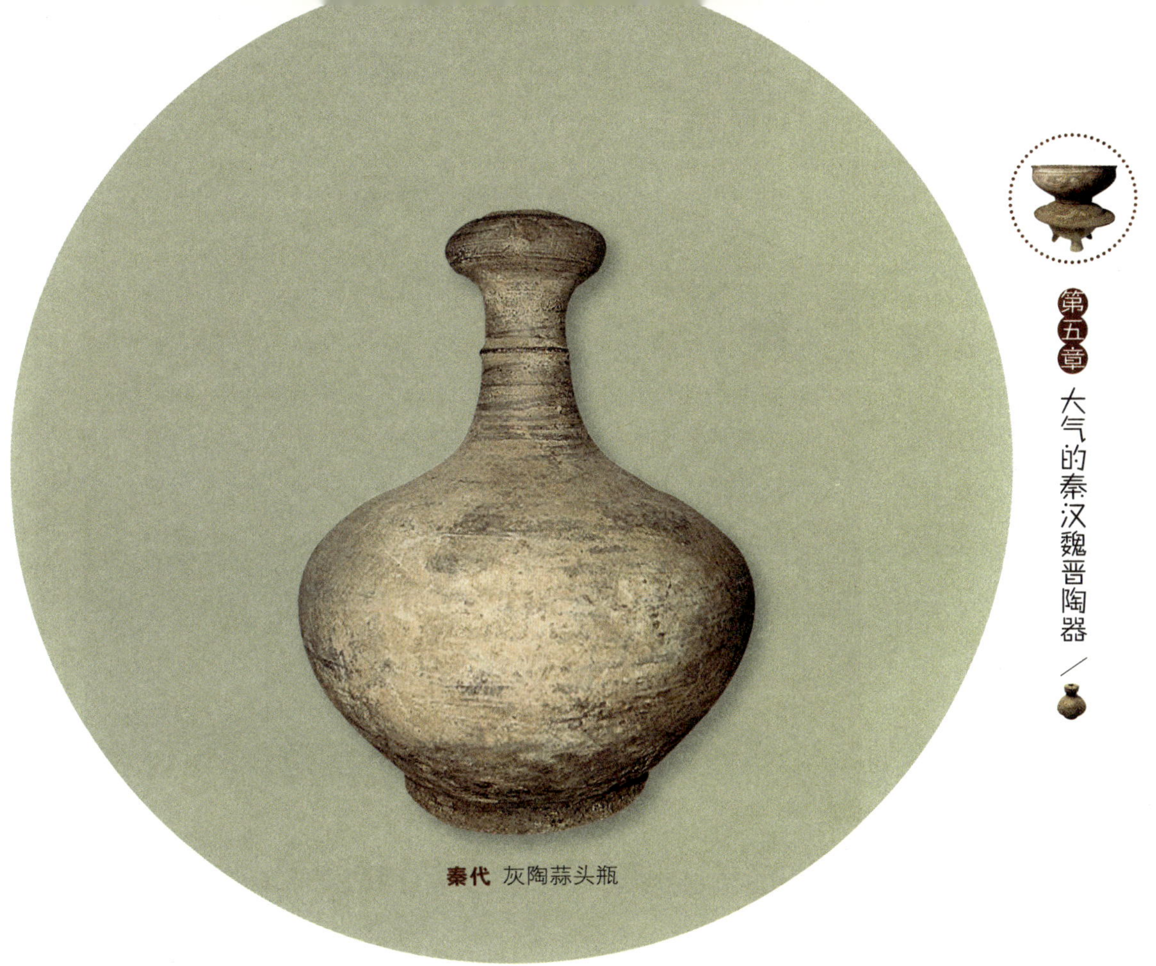

秦代 灰陶蒜头瓶

陕西关中地区是秦国的故地，旧礼制的影响相比关内的诸国要弱一些。虽说到了春秋时期已受到了中原地区的许多影响，采用陶鬲、陶盂、陶豆和陶罐等陶器随葬，可是一直到秦国统一之后大多数时候仍然采用生活用品随葬，很多随葬品，如铲形袋足鬲、茧形壶、陶瓮等，都有自身的鲜明特点。茧形陶壶又名鸭蛋壶，壶腹向两侧延伸，酷似蚕茧，又像鸭蛋。是秦国特有的一种器型，战国开始盛行，到汉代仍有不少。茧形陶壶的腹采用泥条盘筑，经过一番拍打涂抹，随后再经慢轮整修，外表使用宽扁形泥条和弦纹进行修饰，再与分件制作的口颈和圈足粘在一起。造型大方庄重，胎质坚硬，不仅美观，还非常实用。另外，炊器的造型还有小口圆腹圜底陶釜、敛口袋足弦形裆陶鬲和大口斜壁平底陶甑。食器造型则有大口浅腹和大口或直口浅腹平底碗。盛储器的造型包括小口短颈深腹平底瓮、小口折沿深弧腹平底罐、敞口斜壁平底盆和细长颈圆腹平底蒜头壶等。

秦代的墓葬陶器一部分为生活实用器，一部分为明器，陶器的造型有小口圆腹圜底釜、小口圆肩深腹平底瓮和小口深腹平底罐，还有陶盘、陶勺、陶钵、陶鼎、陶钫、茧形壶、蒜头壶和陶甑等。

秦代 陶粮仓模型

秦汉时期的制陶厂通常有三种不同的性质，具体为中央直接控制的制陶作坊、地方自己承办的官府制陶作坊和私人经营的制陶作坊。例如秦都咸阳和阿房宫、秦始皇陵以及汉长安城等地就挖掘出了“左司”“右司”“宫疆”“宫屯”“宫水”“宗正”“都司空”“右空”等字样的铭文砖瓦，这都证明了当时官府制陶业的存在，这些制陶的工厂交由宗正属官都司空令及少府属官左右司空令管辖。这种中央直接控制的官府制陶作坊最为强盛的时期是汉武帝时期，到王莽时则改都司空令为保城都司空，东汉时期则由少府属官尚方令主管。在当时的日用陶器和砖瓦上都可以发现“咸阳成申”和“咸阳如倾”的字样，我们据此可以推测，陶器与砖瓦可能都是咸阳地方官府制陶作坊出产的器物。另外，带有“栎阳”“丽邑”等地方名称的陶器可能是地方官府管辖的制陶作坊的产品。秦都咸阳遗址挖掘出来的“咸亭”，邯郸武安汉代遗址当中发现的“邯亭”，陕州汉墓出土的“陕亭”“陕市”，洛阳汉代遗址中发现的“河亭”“河市”字样的陶文，都是地方官经营制陶作坊的例证。秦汉时期私人经营的制陶作坊也是极其多的，咸阳的咸里就是私营陶业作坊的集散地。在秦代咸阳城遗址出土的陶器上发现了一些有“咸里角”和“咸内里喜”等铭文的陶器，这些文字都是在工匠的名字前加上居地名组成的记号，带有这种铭文的陶器通常来说是私人制陶作坊的产品。从中可以分析出秦代的制陶业似乎已有了明确分工，制陶工艺方面较前期也有了较快的发展并达到了相当发达的程度。

秦代 杂戏俑

秦代 茧形陶罐

◆ 兵马俑

秦始皇陵的位置距离西安市 30 多千米，位于临潼区城东 5 千米的骊山脚下。按照史书的记录，秦始皇嬴政从 13 岁即位便着手进行陵园的修建，丞相李斯负责陵园的规划和设计，其修筑时间超过了 38 年，工程量非常大，气势雄伟，一直被认为是历代封建统治者奢侈厚葬的开端之作。当时，秦朝总人口约 2000 万，而筑陵劳役达 72 万之多。

秦代 骑兵俑（头）

秦始皇陵土陵家的高度为 43 米，底边周长 1700 多米，陵墓用两重夯土城垣围绕，意思为都城的皇城和宫城。内城为不规则的方形，周长 3890 米，除北面开两门外，另外三边开一门。外城为长方形，周长 6294 米，四个方向都开一门。

秦代 武士俑

秦代 车马俑

兵马俑坑是秦始皇陵的陪葬坑，位于陵园东侧 1500 米处，车马坑像是一座庞大的地下军事博物馆。兵马俑陪葬坑坐西向东，三坑的形状呈品字形。最早挖掘的一号俑坑呈长方形，东西的长度为 230 米，南北长度为 62 米，深约 5 米，坑的面积为 14260 平方米，四面修筑有斜坡和门道。一号坑的左右两侧都有兵马俑坑，现在被称为二号坑和三号坑。俑坑分布非常合理，结构精妙，在深 5 米左右的坑底，每隔 3 米架起一道东西走向的承重墙，兵马俑整齐地排列在墙间空当的过道中。

兵马俑具有极高的艺术价值。兵马俑的塑造取材于现实生活，整体的艺术手法流畅而细致。每个陶俑的装束、神态都不一样，光是发式就有许多种，手势也各不相同，脸部的表情更是千差万别。通过判断装束、表情和手势就能区分出官和兵、步兵和骑兵。这里有长了胡子的久经沙场的老兵，还有一些刚上战场的青年。身高达 1.96 米的将军俑，伟岸直立，神情坚毅、威武。武士俑的头部微微抬起，两眼直视前方，显得更加神气。每具陶俑都具有鲜明的个性和强烈的时代特征。

秦代 兵马俑

秦代 兵马俑

兵马俑坑中还发现了大量青铜兵器，类型有剑、矛、戟、弯刀以及大量的弩机、箭头等。现代研究发现，这些青铜兵器都经过了铬化处理，因此即使深埋土中 2000 多年，依然刀锋锐利，闪闪发光，这都能体现出当时高超的冶金技术，也是世界冶金史上的一大奇迹。

一号坑中挖掘出了武士俑500余件、战车6乘、驾车马24匹，还发现了大量的青铜兵器，像青铜剑、吴钩、矛、箭、弩、戟等。俑坑东端还存留着210个和人一样高的陶武士俑，面容非常清晰和独特，形态逼真，排成3列横队，每列70人。这些俑中的3个领队身着锁甲，其余均穿短褐，全部扎上裹腿，线履系带，束发，不戴头盔，挽弓挎箭，手执弩机，非常像正在待命的前锋部队。

秦代 彩绘俑（头）

秦代 彩绘俑（头）

陶俑的体形普遍高大，制作人俑先要考虑如何使人俑稳固地站立起来，这时候工匠想出办法：一是将腿部做成实心的圆柱体，承受腿部以上躯体的重量，这样不容易垮塌；二是在俑的足下粘上一块足踏板，不仅增加了下部的重量，降低重心，还可以使俑和地面的接触面增大，提升陶俑的稳定性。秦兵马俑是陶瓷工艺史上的空前壮举。它不仅反映了当时的文化艺术，也体现了当时的生产力和科技水平，而且为我们研究秦代烧陶技术和雕塑艺术提供了极其宝贵的实物资料。

设计俑的造型时，工匠们想了许多办法，可谓匠心独具。他们对俑的形体进行了非常精美的塑造，使其外形非常逼真，力求使静态的雕塑给人以动态的感觉，使其身上的甲片随身体的扭转而流动，脚上的鞋子随着足部的踩踏而变得皱褶，衣服的纹理也伴随体态的变化而曲折飘浮。

但凡见过秦俑的人，都为秦代卓越的雕塑艺术而惊叹，更加为其高超的工艺所折服。

秦代 立射俑

汉代陶器

汉代结束了全国的分裂，出现了统一的局面，南北各地的日用陶器和随葬陶器在种类和形制上已经基本相同。陶器的主要类型是泥质灰陶，数量很多。因为品种的不同，器物的用途也有所不同，所以质地上有精粗之别，烧成温度及烧造的环境也有差别。汉代日用陶器的主要类型为釜、甑、碗、杯、豆、钵、罐、瓮、壶。装饰的纹饰主要有绳纹、弦纹和划纹。汉代的随葬陶器数量和品种相比前代更加多样化。器物的种类则有鼎、敦、壶、钟、灶、釜、甑、豆、钵、杯、勺、罐、仓、盆、坛、案、瓮等。许多随葬陶器都模仿了商周青铜器以及漆器烧制的明器。西汉前期人们普遍还有礼制的观念，随葬陶器中仿青铜器的组合陶礼器也很多见，主要的种类有鼎、敦、钫、壶或鼎、敦、壶的组合。西汉末期的墓葬当中发现了一些陶礼器，还发现了井、熏、炉、釜、甑、灯、盘等陶明器。东汉时期的随葬陶器，之前多见的传统礼器，如鼎、敦等种类，慢慢变少，反而仿制了流行的生活用品中的盒、案、耳杯、勺等作为明器。之后墓葬里还发现了楼阁、仓房、磨房、猪圈、厕所等陶制模型，甚至猪、羊、犬、鸭、鸡等家畜和家禽的形象也出现了。

汉代 陶罐

汉代 陶器

伴随着东汉时期丧葬制度的世俗化，随葬陶器的种类和数量也增加了很多，还有大量不同样子的舞乐、百戏等人物陶俑陪葬。这些陶俑的造型非常贴近生活，形象活泼、生动。如重庆出土的东汉说书俑、击鼓俑、吹奏俑等，这些俑的样子都手舞足蹈、恣情任性，面部表情眉飞色舞、变形夸张，部分俑带有憨厚质朴、温和沉静的特点。汉代随葬陶器通常装饰弦纹、划纹、印纹、绳纹和彩绘，也有装饰方格纹、连环纹、回纹、树纹、三角纹的情况。此外，铺首、熊形雕塑等也很常见。

汉代陶器的种类除素面灰陶外，还有铅釉陶、彩绘陶、漆皮陶和硬陶等，这些陶器基本上都是明器。

汉代 陶钵

汉代 陶井模型

铅釉陶是汉代陶器工艺中最出众的陶器。铅釉陶流行的区域是黄河流域和北方地区。这种陶器的表面施低温铅釉，釉色一般为黄褐色或绿色，内胎常呈砖红色。黄褐色器物一般使用氧化铁进行着色，这种器物早在西汉后期便已出现。绿色铅釉陶出现得比较迟，盛行于东汉时期。铅釉陶的陶质不够坚硬，因为烧制时温度不够，釉层较疏松，器表常容易脱落变质。特别是使用氧化铜为着色剂的低温铅绿釉陶器更加严重，在长期埋于地下后，釉质发生变化，器物的表面还会出现银白色的金属光泽，这常被称为“银釉”。常见的铅釉陶器有壶、罐、尊、鼎、钟、仓、灶、井、楼阁和碉楼等模型以及鸡、鸭、犬等动物雕塑明器。

汉代 彩绘陶甑

汉代 彩绘陶壶

彩绘陶一般都是在烧成的陶器上面使用红、赭、褐、绿、黄、白等颜料描绘出几何纹、云纹、走兽等图案。

漆皮陶通常都是灰陶烧制完成之后，在其表面或里面髹漆。灰陶的胎体相对疏松，如果长期埋在地下或泡水，彩绘和漆皮很容易脱落。

印纹硬陶主要出现在南方地区，器型主要有瓮、罐、壶、鼎、盆等。硬陶的烧成温度通常较高，经常在表面形成一层薄薄的玻璃质釉，表面光滑明亮，无釉处往往呈红褐色。硬陶壶、罐类器物颈肩部常刻饰水波纹，以及少量的堆纹。

汉代 茧形陶壶

◆ 汉代陶俑

汉代的陶俑在数量和种类上都超过了以前的朝代。汉俑的艺术风格也反映了中国艺术以形写神的基本风格。汉承秦制，可是西汉初年，文帝和景帝治国期间都崇尚节俭，因此为皇帝陵墓制作的陶俑并不像秦俑那样高大宏伟，陶俑的高度普遍仅有人体高度的三分之一左右。这一时期的陶俑包括阳陵陶俑、杨家湾陶俑、安陵与霸陵陪葬墓陶俑、徐州北洞山与狮子山陶俑等。这些帝王陵墓随葬陶俑，包括帝后陵墓和王公大臣的陪葬墓，规模很大，数量也非常多，在两汉陶俑中居首位。例如阳陵陪葬坑俑，现已发掘 2000 余件。杨家湾汉墓的陪葬俑已出土 2000 余件，安陵陪葬坑出土了八九十件陶俑，而且这仅仅是一部分陪葬品。徐州狮子山彩绘兵马俑，现在已经挖掘出了 2300 余件。出土的陶俑种类有兵马俑、女侍俑、乐舞俑、仪仗俑和动物俑等。

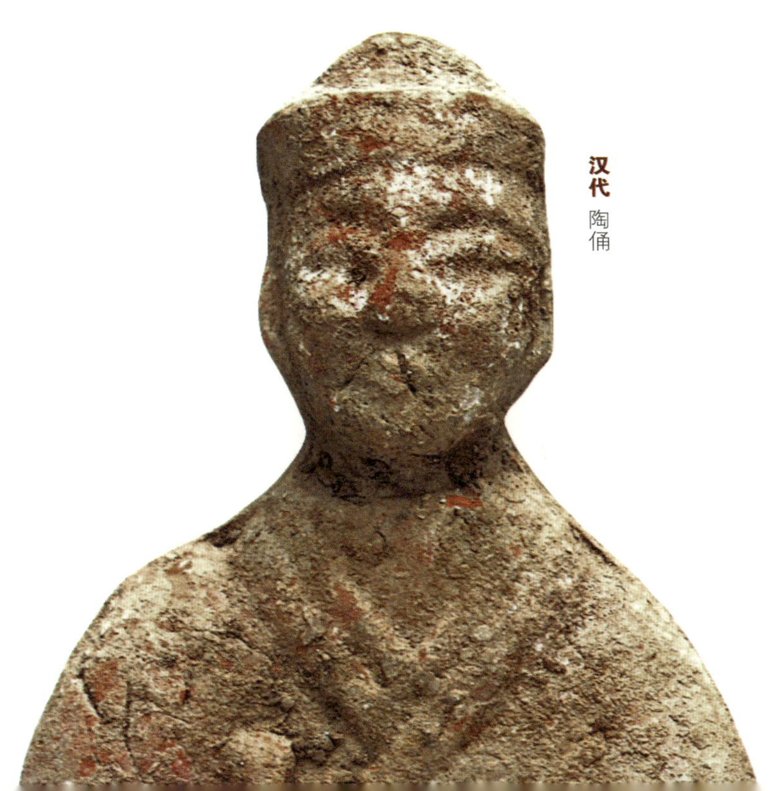

汉代 陶俑

汉代 吹箫俑

西汉中晚期陶俑除了在西安、洛阳地区出土外，还有山东济南无影山乐舞陶俑、杂技陶俑、宴饮陶俑；河南济源泗涧沟汉墓陶俑；河北邯郸彭家寨陶俑；河南洛阳西汉墓彩绘陶俑等。这一时期的陶俑出土数量较多、制作水平较高。西汉武帝时期，国家强大，经济繁荣，达官显贵死后流行厚葬，因此促进了陶俑制造业的兴盛。

西汉进入中晚期之后，出土陶俑的主题集中于表现日常现实生活的场景。例如有一些庄园式的建筑俑，基本上还原了当时的现实场景。各种生活情态的俑，也就应运而生了。西汉晚期的乐舞俑和杂技俑最常见，是这个时期的典型作品。著名的作品，像济南无影山出土的西汉乐舞杂技陶俑盘，塑造了 20 多个人物的动态，这件作品精心雕琢出了乐舞主题和杂技的高难度技巧，人物神态专注，动静统一。河南洛阳烧沟曾经发掘出了舞乐百戏陶俑群当中的八个男俑，男俑动作各异，有吹奏、踏鼓、跳舞的，腿部动态的跳跃与蹲踞节奏强烈，姿态各异，这些都生动还原了汉朝的世俗社会风貌。河南省济源泗涧沟曾经出土了红釉舞乐俑群，当中还发现跪坐状的伎乐俑，二人吹排箫，一人吹哨，一人击掌；前边有一个舞女俑，长裙曳地，纤巧轻盈，款款而舞，带有浓烈的秦汉曼衍之戏的风韵。

汉代 大腹俑

东汉时代的墓室陶俑相比西汉时期发现的要多。四川、重庆出土的人俑和动物俑非常多，器物具有鲜明的地区特点和艺术特色。汉俑在成都、重庆等地区的汉墓多有出土。人俑的类型包括劳作群俑、庖厨俑、舞乐俑、坐听俑、吹笙俑、击鼓说唱俑等。动物俑的主题则通常是家禽和家畜。四川地区挖掘出来的汉末三国的说唱俑，皆持鼓槌，神态滑稽，这都能体现出西蜀民间单人说唱艺术形式的流行。四川省博物馆收藏着成都市天迴山出土的说书俑，这座俑为泥质红陶，模制，头上着巾、插笄，额头戴有花饰；耸肩鼓腹，胳膊戴璎珞珠饰；右臂抱着一方鼓，左臂向前平伸，手里握槌；下身穿着长裤，左足蹲踞，右跣足前伸；张口而且眉飞色舞，面部神情夸张滑稽，十分生动。

汉代陶俑的生活气息很浓郁，欢愉的俗世氛围，古朴的制作手法，具有恒久的艺术价值。

汉代 母子俑

另外，汉代非常重视陵墓的修建，发明了特殊的建材“圹砖”。“圹”的含义便是墓穴，圹砖体积较大，通常为空心，外表饰有图案，可以连续排列，也可以独立成为画面。砖面图案由模具拓印而成，这是后世的陶瓷器表面印花工艺的雏形。在汉代陶器当中，画像砖和瓦当的艺术成就非常大。

汉代 陶虎

◆汉代陶俑的艺术特点

不同于秦兵马俑，汉代陶俑形体较小，约60厘米高，大概有真人的三分之一。俑的整体造型和谐，体形匀称，雕刻精致细腻，工艺精湛，神态逼真，栩栩如生。我们能够看到陶俑非常精细的面部表情，颇具个性。部分陶俑形态秀美，稚气未脱，充分透露出少年特有的率真坦诚之气；部分陶俑阔脸宽额，浓眉大眼，唇厚鼻宽，神情稳重安定，给人以憨厚老成之感；有的俑面容圆润，细眉凤目，长相秀气，但却抿嘴不语，似乎在思考着什么；有的俑双眉紧促，眼中满是忧虑，似乎是长年离乡戍守，又很久没有听到家人的音信，浓郁的乡愁让他无法露出笑容；有的俑微微颔首，双目细眯，笑容非常羞怯，可能是在回味与心上人相聚的美妙时刻，这种笑容纯洁而稚气，让人不忍去惊扰他的好梦。俑的脸部表情的刻画很到位，充分展现了人物丰富的内心世界以及美好的情感，技艺高超的汉代工艺师们用生花妙手制作出了永恒的工艺品。仅从这一点来讲，陶俑确实是古代雕塑艺术中的杰作！

汉代 陶狗

汉代 陶俑

古典美学的要义是“形具而神生”，汉俑的创作者已经有了充分的体验，同时也拥有了相应的表达能力。汉俑的造型通常是利用大气的写意手法来雕琢出形象以及动态，偶尔也利用夸张变形的方式来达到传神的艺术效果。例如洛阳七里河东汉墓中出土的那件长袖拂扬、踏盘而舞的女舞俑，女俑的脸比较模糊，却用蓄意夸张的手法雕刻了细腰长颈，着重表现了头、颈、腰扭转而展现出来的动态之美。她的手、脚张扬地配合着，以体现出舞乐铿锵的节奏和旋律。再如洛阳烧沟东汉墓曾经挖掘出一座戴着平冠、上身裸露、下身穿着肥大的喇叭裤的男舞俑，他右足屈膝踏地，左足抬起，两臂高举，好像下一个动作就要拍手踏歌，形象天然率真，没有精致的细节刻画，却能传达出豪放之美。

汉代 陶鸮

现在江苏徐州博物馆中还收藏着一组西汉乐舞俑。舞俑们长袖飘动，展现出婀娜的身体和优美的舞步，乐俑们或弹琴，或弄瑟，或击鼓，或吹笙。虽然俑本身是土色，可是景象奇妙，活脱脱一个汉代乐舞艺术团。还有一组西汉的彩绘陶俑，这一组陶俑更令人感到奇妙。陶俑有男女之分，眉眼各异，男俑脸上有胡须，女俑有眉毛，人物都是完全不同的。仔细看他们的眼睛，甚至还有单眼皮和双眼皮之分。

汉代 陶鸭

汉代陶俑与秦代陶俑有明显的区别，秦代陶俑的造型方式是人体连衣甲穿戴一起雕塑的。汉代陶俑通常仅仅捏出人的身躯、头像和两腿两脚，两臂多使用木制，木质手臂可以挪动，还将丝麻织品缝制的衣服穿在外面。木制的两臂和缝制的衣服都因为时间太久而全部腐烂，现存的陶俑大都是裸体，并且没有手臂。秦陵陶俑全是男性，汉代陶俑中男性和女性皆有，甚至有的还使用雕塑手段塑造出了展现性别的器官。

秦俑雕塑艺术可以说是中国造型艺术史上突起的奇峰，到汉代又重新竖起了另一座高峰，这是为什么？秦代许多雕塑家被秦始皇征集组成一支大军为其雕塑兵马俑。工程完成后，这批天才的艺术家很有可能被秦始皇诛杀了。因此汉代没能继承秦代的雕塑艺术，对人体美、对事物形态的认识，又得重新开始。

汉代 陶俑

汉代 灰陶四盘壶

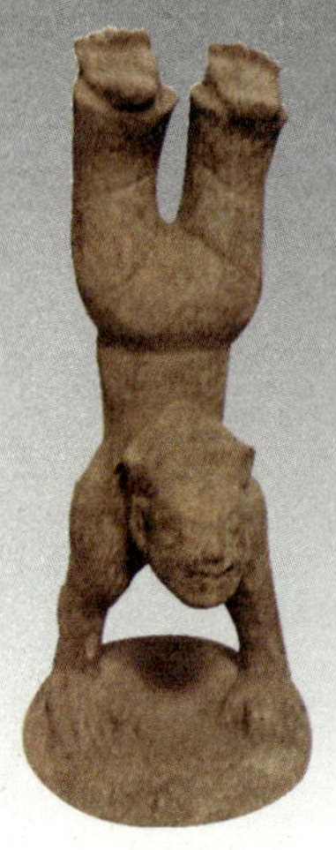

汉代 杂技俑

汉代 祥云瓦当

纵观秦俑和汉俑，我们从这些俑人当中还能透视出远远超出雕塑艺术的历史本质。秦陶俑的主题为兵和马，就像再现的“秦帝国大军”。始皇帝生前兴兵灭了六国，建造陵墓的时候还想创造“黄河”“长江”，坐拥“九州”，作为他死后的“帝国”，我们从这些细节中能感觉到秦崇尚武力的霸权意识和独裁意识。汉景帝陵墓陶俑当中也发现了“军队”，不过“士兵”都非常矮，身高只相当于秦俑的三分之一，汉陶俑的主体部分并不是兵马俑，而是宫女和身份难辨的女人，还有牛、羊、猪、鸡、鸭、狗等家禽和家畜。汉景帝曾经制作了兵马俑进行陵墓的戍卫，不过这个时候的陵墓只是作为地下的“宫”，武力意识比秦始皇要弱很多，他更加看重农牧业生产和人民生活。汉景帝采用“无为而治”的办法治国，淡化集权，政策上“与民休息”“轻徭薄赋”，有利于恢复秦时衰退的经济，社会出现空前繁荣的景象，与秦始皇为建霸业穷兵黩武有本质区别。

◆ 低温铅釉陶器

创制于汉代的低温铅釉陶器是我国陶瓷工艺史上不能不提的杰出作品，它的出现给后期创作各种色彩的陶瓷打下了坚实的基础。一些资料显示，这种低温铅釉陶器最早发现于陕西关中地区。汉武帝时期的陵墓当中极少发现，之后到了汉宣帝时期，低温铅釉技术出现了比较快的发展，在当时的河南地区也有不少发现。一直到东汉时期，低温铅釉陶器广泛流行开来，使用范围西至甘肃，北达长城，东扩山东，南抵湖南、江西等地。

汉代 彩陶罐

汉代 红釉白彩铺首瓶

汉朝时期的低温铅釉陶器外观翠绿，釉层晶莹剔透，器面光亮动人，制作技术严谨。低温铅釉陶器类型包括鼎、盆、壶、仓、灶、井等，还有一些楼阁、池塘、碉楼等的模型。许多低温铅釉陶器上面都能看到一层银白的金属光泽的物质，这层物质名为“银釉”。不过银釉的成因众说纷纭，有说法认为是棺中的朱红变成水银黏附在陶器表面而成；还有说法认为是铅绿釉中的铅以金属铅的形式在釉面上渗出所致；日本的学者则推测这种釉很像云母，因为硅酸盐玻璃的釉发生变化进而导致它出现了与云母相似的物理性质。中国科学院研究硅酸盐的专

汉代 彩陶茧形壶

汉代 陶粮仓

家曾经对这种物质进行了分析，发现银釉是铅绿釉表面的一层半透明衣罩，只要用刀片轻轻刮一下，这层银釉就会被刮掉，下面仍是铅绿釉。使用显微镜观察该物质的层状结构，发现与云母结构类似，其层次多少不同，少者仅几层，多者可达二十多层，每层的厚度仅有 3 微米。通过 X 射线和岩相进行分析，发现这层银釉实际上是非晶态均质体，化学成分和普通的铅绿釉相同。该物质其实是一层沉积物，铅绿釉暴露在潮湿的环境中，受到水和大气的作用，釉面便会出现轻微的溶蚀现象，溶蚀下来的物质和水里的可溶性盐类在一定条件下会从铅绿釉层表面和纹缝中渗出来。不过沉积物本身与釉面并不能紧密接合，因此水分还会渗入两者间的空隙中，从而导致釉面的再次溶蚀，溶蚀的时间一长，它又重新渗出一层新的沉积物。反复出现这些情况后，层次就会迅速增多，积累到一定的厚度时，在光的作用下，就产生了银白色的光泽。因此我们只能在比较潮湿的墓葬当中才可以发现这种物质，比较干燥的地方极少能够看到银釉的陶器。

低温铅釉陶器的发明和推广是汉代劳动人民对中国陶瓷工艺发展史做出的杰出贡献。因为铅釉的折射指数比较高，高温黏度不大，流动性强，熔融温度范围又比较大，溶蚀性很强，故而极少见石灰釉和石灰碱釉当中出现“橘皮”“针眼”等缺陷，釉层中没有气泡和残余晶体存在，这都使得釉层变得更加透明晶亮、平整光滑，装饰感非常好。正是因为出现了低温铅釉陶器，才给唐三彩陶器的出现提供了一个契机。唐代工匠在铅釉中加入少量含钴或含锰的矿物质，最终制作出了蓝色和紫色等不同色彩的低温釉，这就是著名的唐三彩陶器，是我们国家陶瓷史上的一项伟大发明。

汉代 陶奁

汉代 玄纹盘口铺首壶

三国两晋和南北朝时期的陶器

◆ 三国两晋和南北朝陶器的概述

三国两晋南北朝时期，瓷器的制造技艺日渐成熟，人们在日常生活中大量使用瓷器，因此陶器渐渐失去了人们的重视，退居次要地位，制陶业出现了萧条的局面。陶器制品的质量比瓷器要差，种类数量也不多。这个时期的陶器除了那些大件的实用器物，通常都是明器。在南方地区还经常利用灰陶以及红陶器物进行陪葬，在北方地区除了灰陶器外，铅釉陶器仍旧很流行。南方地区的墓葬当中发现的陶器通常可以区分为日用陶器和随葬陶明器。日用器皿的数量并不多，主要种类有罐、盘、碗、钵、缸、耳杯、柄勺、砚、灯等。另外，有些盘、碗和水杯上面还涂抹着朱砂或一层白粉，这种陶器是彩绘陶器。

东晋 青釉盘口瓶

◆ 南北方陶器的发展特点

三国两晋时期南方地区非常盛行陶制的明器，主要类型为农耕工具、生活用具及各种家禽和家畜的模型。陶胎主要为红色，器物外表挂上极薄的棕黄色釉。陶明器中比较常见的器型包括杵、臼、舂、磨、谷砻、筛、扫帚、仓、灶、井、桶、缸以及犬、羊、猪、马、牛、鸡、鸭等的模型。明器的尺寸通常比较小，虽然是小器物，但是整体玲珑生动、真实自然。江南地区曾出土了一些三国两晋时期烧制的堆塑人物楼阁陶罐，这些陶罐还被称为堆塑谷仓罐，与陶罐和青瓷人物、楼阁罐的风格相似。东晋以后，随葬陶明器主要为车、马等，别的明器已经很少出现。东晋时期的墓葬里面还曾发现一种陶制的辟邪兽，样子似牛非牛，凶猛狰狞，可能是我国最早的随葬镇墓兽一类的陶俑明器。

西晋 莲花纹陶罐

三国两晋时期北方的制陶业处于萧条状态，生产的陶器通常都是粗糙的灰陶，因为烧制温度不够，因此质量也不行。南方青瓷的造型也影响了北方部分陶器的器型，例如出现的盘口壶、双耳罐、四系缸、果盘等。汉代流行的铅釉陶器，两晋时期北方烧造的数量变得相当少，质量远不能和汉代的水平相比。可以看出，从三国至东晋 200 年左右的时间，北方制陶业衰退得非常厉害，同时南方地区的陶瓷业，尤其是瓷业出现了非常迅速的发展。一直到了北魏建国以后，北方陶瓷业才慢慢复苏，低温铅釉陶器才再度盛行，相比汉朝工艺才有了一些进步。汉代的低温铅釉陶器通常都是单色釉，到了北朝以后，跨入了多色铅釉时代，有的是黄地上加绿彩，有的是白地上加绿彩，还有的是黄、绿、褐三彩混合使用。

西晋 绿釉陶器

北朝的多色铅釉陶器同样也为唐代灿烂辉煌的“唐三彩”的出现奠定了基础。常见的铅釉陶器器型主要包括高足盘、鸡首壶、莲花罐、碗、杯、瓶、盆和灯等。纹饰则主要是莲花纹、莲瓣纹、图草纹等，制作手法有划纹、贴印、堆塑和彩绘等。北朝铅釉陶器中的代表性作品是北齐范粹墓中发现的黄釉杏仁形扁壶。这只扁壶使用模制成型的办法，上窄下宽，立面呈现为杏仁的样子，短颈，直口，颈肩上有一周联珠纹，肩部凸起的地方还有两个小孔用来穿绳索。另外需要注意的是，扁壶两面模印出来的乐舞胡人浮雕，整个画面都有浓厚的生活情趣，富有西域风情。北朝是低温铅釉陶兴盛的时期，这也是我国北方地区制陶业提升到新水平的一个标志。

北朝 黑陶马

我国秦汉时期的陶器在思想上和艺术上，甚至于制陶水平上，都达到了难得一见的高峰。三国两晋时期的陶塑艺术水平并不高，制作工艺则更加粗糙。北朝北魏时期的陶塑造像技术不仅传承了秦汉艺术传统，还结合了外来佛教文化的特点，开始有了显著的进步和发展，塑像有了更加新鲜和丰富的形式，低温铅釉陶俑开始流行，常见的包括文吏俑、武士俑、甲骑武士俑，还有男侍俑、女侍俑、伎乐俑、仪仗俑、马俑、骆驼俑等，墓中还能发现镇墓兽俑等，这时的人物陶俑的形象整体比较清新秀丽，感觉非常干练有力。

北朝 红陶兽形壶

北朝 黑陶器

南朝 陶罐

西晋 陶耳杯

◆ 独具特色的陶俑

从东汉末年到魏晋南北朝，当时的人们一直在战乱和动荡中挣扎，丧葬制度随之出现变化。曹魏统治者提倡薄葬，正因为如此，这个时期成为古代封建社会汉唐两个厚葬高峰中间罕见的薄葬时期。南北朝时期的墓中并没有发现大规模的陪葬俑，陶俑的风格也和汉代不一致。魏晋南北朝时期的陶器分为南北两系。根据江苏南京地区六朝墓葬中出土的陶器我们可以发现：陶制品主要的类型有果盘、奁盒、唾壶、香熏、砚台、灯台、火灶、粮仓等，陶俑则主要有武士俑和各式男女俑，部分墓葬中发现了陶牛车和陶俑群。六朝时期的青瓷技术已经很成熟了，在规格较高的墓葬中，也会出土各类生活用瓷器和各种青瓷俑。

六朝青瓷通常使用捏塑的方法进行装饰，这体现了当时的社会观念和生活情趣。名为“堆塑罐”或“谷仓罐”，还被称为“魂瓶”的青瓷罐，具有很强烈的时代特色。镇江市博物馆就收藏了三国吴时的飞鸟百戏魂瓶，此瓶在 1972 年 10 月出土于江苏省金坛县唐王镇，是浙江越窑东吴晚期烧制的青瓷产品。作品上堆塑了 66 只飞鸟，4 只小盂，还塑造了 61 只动物，有狮子、猴子、鹿、犬、海兽、乌龟、飞鼠、蜥蜴等动物，还有爬虫；还塑有一座三层的楼台，阙 2 个，佛像 7 尊，8 个舞乐杂技艺人。整个器物的雕刻层层叠叠，非常形象生动，体现了当时高超的青瓷工艺和雕塑技术。此外我们还能发现瓷俑、飞鸟、鸡、犬、猪、羊、青蛙和鸟、鹰形罐上的鹰、鸡首壶上部雕刻的龙头柄、熏炉上雕刻的山峰等。

西晋 贯耳瓶

西晋 骑马将军

西晋 鸡头陶罐

公元 4 世纪，南方的东晋政权初立，南北分割，北方主要被北魏等少数民族政权所统治，其陶俑的制作风格和南朝不同。北方从十六国开始便出现了人马穿铠甲的“甲骑具装俑”。北魏时期的陶俑在数量和品种上都有增加，依据不同的功能分类则有镇墓俑、文吏俑、扶盾武士俑、铠马武士俑、骑马鼓吹俑、击鼓俑、侍俑、伎乐俑、舞俑、胡俑、童俑等，还有部分陶制的马、骆驼、驴、牛、猪和镇墓兽等。这可以凸显出主人出行的时候侍卫、部曲、奴婢、伎乐等簇拥的盛大的仪仗场面。通常各类人物、动物形象都是利用陶范模压出坯体零件，最终粘接成型。也有直接捏塑的情况，塑好后入窑焙烧而成。烧成后俑胎的颜色通常是灰色或红色，表面还会涂抹白粉或加朱彩，有些精致的器物还涂有金饰彩，鲜艳华美。也有的是烧前涂釉，再入窑烧成釉陶。

北朝时期流行铸造佛像，根据杨衒之在《洛阳伽蓝记》当中的记录：孝文帝迁都洛阳后，国内的寺院数量迅速增加到了3万余所，僧尼200多万，著名的龙门石窟最初就开凿于这个时期。佛教造像的流行同样影响了其他艺术的门类，这也让北朝的陶塑出现了独特的艺术风格。1979年，人们在著名的佛教遗址永宁寺的塔基遗址当中挖掘出了许多佛教泥塑残像。泥塑残像分大小两种，大像数量不多，很多佛像和菩萨像的残件都无法复原；小像较多，有300余件，主要是贴置在墙壁上的影塑。塑像头部的高度大都为7厘米，身体高度大约为15厘米，都是利用手工技术做成的，泥质细腻，淘洗匀净。这些雕像的种类有两种，一类是菩萨、弟子、飞天等，另外一类则是世俗的供养人，包括文武官员、男女侍仆和侍卫武士等。

北魏陶俑因为有不同的身份，也会出现气度神态的差异。其中文吏俑一般头戴冠，衣服为袍衫，腰束带，姿势有双手下垂、拱袖而立等，容貌秀雅，和蔼恭敬，具备北朝的艺术特征。

武士俑的类型则有扶盾和按剑两种。武士俑通常头戴尖锥形或平顶形盔，身着圆领窄袖长衣，外部则为铠甲，右臂曲举，手握拳，有孔眼，有的握拳平举，拳眼向上。通常武士俑的形体高大，约是其他俑的2倍，威武雄壮，神情肃穆，充分彰显了威武和强悍的性格。

北齐曾经挖掘出了舞女俑，这种俑面目清秀，舞姿优美，和汉代的舞女俑非常相似。

西晋 绿釉陶器

第六章 精致的隋唐明清陶器

陶器

隋唐时期的陶器

隋唐时代，全国统一，中国社会的经济文化进入了高度发展时期，陶瓷生产也呈现出蓬勃发展的新局面。隋代历时甚短，但却是一个承前启后的朝代，为后继王朝——唐建立统一大帝国创造了条件。

隋代的陶器继承了北方的传统风格，也吸收了南方的特点，主要有壶、罐、瓶和高足盘等器型。壶的基本特征是盘口、有颈、双耳都贴附在肩上，盘口较前代高，椭圆腹，双耳多作条状。罐的基本特征是直口、无颈、有耳，罐身近椭圆形，腹中部凸起一道弦纹。瓶的基本特征是小盘口，颈较细长，腹略呈椭圆形。高足盘在有些文献上被称作浅盘圈足豆，浅盘，口微外撇，盘心平坦，常有阴线圈纹，并留有几个支烧痕，高足呈喇叭状。在南北墓中均有出土，可见烧造量大，是隋代时较为典型的器物。

在陶瓷史上，隋代的陶瓷工艺虽然不曾有什么独特的建树，可却为一个新的陶瓷时代拉开了序幕。

隋代 高足盘

唐代 仕女俑

唐代时期，陶器的发展非常迅速，相比之下，陶器的类型除了唐三彩以外，其他陶制品整体进入衰落时期。唐三彩虽然是陶器，可是不同于普通的低温釉陶，胎体不用陶土而用高岭土制成。三彩说的就是陶器的釉色，施釉的主要色调是红、绿、黄，故称“唐三彩”。三彩指的是一种釉色混合的效果，实际颜色不止三种，除红、绿、黄外，还有白、黑、蓝、紫等。三彩釉来源于单色釉，从两汉至隋唐，单色铅釉陶一直都被用作明器，即使在唐三彩最流行的武则天至玄宗开元年间，唐代墓葬中也有很大数量的单色铅釉陶明器。三彩陶器的着色剂是金属氧化物，主要有三种，使用氧化铜则烧出绿色，氧化铁烧成黄褐色，氧化钴烧成蓝色，并用铅作为釉的溶剂，这其实是利用铅在烧制过程中的流动性，最终融合成复合色调。三彩釉是一种多彩釉，通常要用到黄、绿、白、红、蓝、黑等釉，釉都挂在一件器物上，经交融、冲撞和发散，最终出来的效果呈现出千变万化。

唐代 陶马

唐三彩是二次烧成的，首先将开采出来的矿土进行挑选、舂捣、淘洗、沉淀、晾干，然后利用模具制作成素胎，随后首次入窑烧制（也称素烧）。烧制的温度为 1100℃，冷却后上釉，再进行第二次烧制，第二次烧制的窑温在 900℃左右。

唐三彩的器型可分为俑和器物两大类。俑的类型主要是人和动物，人俑的类型包括武官、文官、贵妇、男童、女仆、胡人、乐舞杂技艺人，唐墓中有陶制的镇墓兽；动物俑则包括马、骆驼、驴、牛、羊、狗、狮、虎等。陪葬的器物主要类型包括樽、壶、瓶、缸、碗、盘、杯；文房用具则包括砚台、水注；室内用具则包括唾壶、香炉、枕；一些其他模型则包括房屋、仓库、假山、车、柜等。唐三彩广泛出土于河南洛阳、河南巩义市、陕西西安等地区。

唐代 三彩罐

唐代 彩绘陶鸭

三彩陶器最早创制于唐高宗时期，高宗至玄宗时期非常盛行，唐朝中后期这种瓷器渐渐消失，不再烧制。

唐代的艺术陶反映了盛唐时的社会风气和精神风貌，唐三彩的雕塑艺术日渐成熟而富有气魄。唐三彩主要的造型是人物、马、骆驼，多数为人物俑。人物俑有男俑和女俑。男俑的类型有商贩俑、胡人俑、黑奴俑、文官俑、武士俑等。有一些人物形象如商贩、胡人和黑奴等都是当时唐朝与其他国家，特别是和西域各民族友好通商的一种客观反映。唐代女俑主要是各类仕女俑。

唐代 陶牛

唐代 彩绘舞女俑

◆唐三彩

唐三彩属于低温釉陶器，釉的颜色多种多样，最常见的是三种，因此得名“唐三彩”。唐三彩器的胎使用高岭土做成。釉料的着色剂是从矿物质中提取的金属氧化物，加工的时候利用铅在烧制过程中的流动性制作出黄、翠绿、深绿、天蓝、褐红、茄紫等许多种色调，使器物整体的色泽变得绚丽多彩。

现在发现的烧制唐三彩的窑址主要有河南巩县窑、陕西耀州窑、河北邢窑等。唐三彩最早出现于唐高宗年间，唐代中期非常流行，唐代开元年间，唐三彩达到鼎盛期，“安史之乱”之后逐渐减少。这说明唐三彩属于盛唐的产物。唐代盛行厚葬，官员去世后要按照等级的不同随葬不同数量的明器。从外观上看，唐三彩的色彩绚丽、雍容华贵，达官贵人们都将其看作不错的随葬品。除了随葬之外，唐三彩釉陶器也有作为日用器具的，这个时期远销海外的唐三彩也有很多，在朝鲜、日本、埃及、伊拉克以及印度尼西亚都曾经发现过唐三彩，这也说明唐三彩在中外文化交流史上有过光辉的历史。

唐代 彩绘骑马仪仗乐俑

唐代 彩绘釉陶

◆唐三彩的种类

唐三彩可以分为三大类：第一类是日用生活器皿，比如瓶、壶、罐、钵、杯、盘、碗、盂、烛台、枕等；第二类就是人物俑，如贵妇俑、男女侍俑、牵马俑、文官俑、武士俑、胡俑、天王俑等；第三类为动物俑，主要包括马、驴、骆驼、猪、牛、羊、狗、鸡、鸭等。还有居室用具的模型，例如亭台楼阁，假山和水榭，不同的仓库、府邸等。

唐三彩人物俑有一个特点：人物体态和面部很丰腴，尤其是侍女俑，面部与体态甚至可以说臃肿，这也迎合了盛唐时期“以肥为美”的审美观点。此外，唐三彩人物俑还有一个特点也很明显：人的头部通常不挂釉，只是在素胎上涂白粉，眼、眉、头发用墨描绘，唇及面颊涂上朱红色。唐代盛行佛教信仰，三彩俑当中便可发现大量的天王力士俑，造型很像唐朝时期寺庙中的佛像。天王们身材高大，戴盔披甲，怒目圆睁，举拳叉腰，非常威武，脚下分别踏着牛、鬼、蛇、神等。唐墓当中的镇邪兽也能直观地体现出唐代浓厚的佛教文化。动物俑中，马是非常多见的。唐三彩马的特点是头小颈长，膘肥体壮，眼睛有神，体态各异，栩栩如生。

艺术品能够直观反映一个时代的工艺水平和审美喜好，唐三彩这种艺术品就是盛唐时期强大国力的一个体现，其造型和色彩都体现出了盛唐时期的繁荣面貌。

唐代 三彩三足陶罐

唐代 三彩马

唐三彩不是普通的陶器艺术品，没有实际用途，多作为室内陈设器存在，人物和动物一直都是这种工艺品常有的造型。人物造型多取材于宫廷的妇女，动物造型主要是马和骆驼，前者是反映唐代宫廷生活内容的，后者则可能与当时繁荣的经济形式有关，马一直是唐代骑乘和运输的主要工具，骆驼是丝绸之路上必不可少的交通工具。不管是宫廷仕女形象，还是马和骆驼，其实通过研究可以发现当时相当一致的审美情趣，器物具有造型丰满、健硕的特点，和当时著名的人物画家吴道子的绘画风格类似。

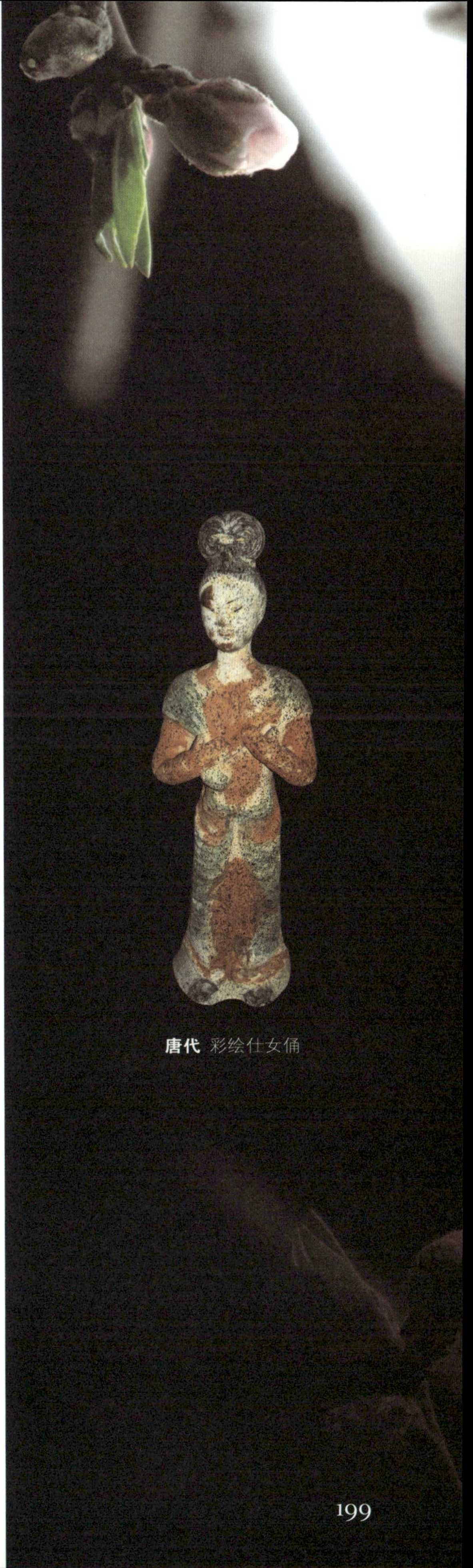

唐代 彩绘仕女俑

唐三彩的动物俑对于马的塑造是非常成功的，在中国人的观念中，马往往是力量和成功的标志，唐代时期的马更是这样。唐三彩中塑造的马都强壮有力，颜色搭配丰富，马的神态各有不同，有的正安静待命，有的则跃跃欲试。陕西乾县挖掘出的永泰公主墓中有很多不同神态的三彩骏马，骏马的高度为 30 厘米左右，比例十分协调，有的非常安静，好像是在愉悦地喝水，有的则仰头嘶鸣，动感十足。唐人爱马，不仅塑造了大量不同形态和不同品种的马，有的还会把自己喜欢的马雕刻出来随葬，最著名的例子就是唐太宗墓中的六匹骏马。唐代中西交流十分频繁，骆驼俑因此也成了唐三彩动物俑中常见的一个类型。陕西西安曾经挖掘出了骆驼载乐俑，这件作品可以称得上唐三彩动物造型的代表，一匹健壮有力的骆驼站在方形的陶板上，背上还有六位乐手和一位舞者，人物的表情生动形象，极富动感，是有重要研究价值的珍品。

唐代 彩绘陶

人物俑当中的典型人俑是仕女俑。唐朝社会风气非常开放，女子在当时得到了空前的重视，所以以女性为主题的艺术品占据了当时艺术品题材的很大一部分。唐三彩中的仕女俑，不同的身份有不同的造型，例如立俑、坐俑、骑马俑等。唐三彩人物俑的气质雍容华贵，立俑和坐俑通常都发髻高束，面部特点是柳眉凤眼、樱桃红唇、脸庞丰满、袒胸露背、线条流畅，显得非常洒脱和随性。艺术家们一方面塑造了女性优美丰腴的体态，另一方面也注重人物内心的刻画。这些人俑身体微倾，顾盼生姿，脸上总是温柔恬静的样子，豪华高贵的服饰说明了她们尊贵的身份。唐代的雕塑中常见女子骑马俑，女子都穿着胡服，神情自若，英姿飒爽。

唐代 彩绘陶女俑

唐代 彩绘陶女俑

唐代 彩绘陶女佣

天王俑、武士俑是盛唐墓葬中比较常见的随葬品，俑的外观强壮魁梧，造型威严，搭配凶狠狰狞的人首兽身镇墓兽，就像冥界的保卫者一样。“天王”是佛教中的护法，唐代早期的墓葬里面常可以看到武士俑的形象，不过通常没有天王俑，这种俑的出现和佛教的传播密不可分。天王俑主要为站立的样子，身材魁梧，全身覆盖着铠甲，怒目圆睁，脚踏恶兽，透露出一种凶悍的气势。不同于天王俑，镇墓兽其实很早就出现在了墓室中，史书曾经记录了一种怪物，它非常喜欢吞噬人的肝脑，有一种叫“方相氏”的神兽可以驱逐它，因此人们都选择在墓葬中放置“方相氏”（即镇墓兽），这样镇墓兽自然就出现在墓葬当中了。镇墓兽的形象在不同的时期有不同的特点，到了唐代，形象也和最初的样子相差许多了。唐代的镇墓兽有非常丰富的造型，比如人首兽身、兽首兽身等，姿态有站立、蹲坐等样子，头长角，肩生翼，张口怒目，面目狰狞，让人望而生畏。除了天王俑和镇墓兽之外，还有“哼哈二将”，“哼哈二将”其实是佛教中的两尊门神，两人一哼一哈，十分生动，把天神放到墓室中也是为了保护墓主人安宁。一般来说，三彩俑的尺寸大小适中，但也有比较大的，部分俑可以达到 1 米，接近人的身高。

唐代 白陶碗

唐三彩还有多彩的釉色。唐三彩的釉主要由石英、铅粉以及不同颜色的金属氧化物构成，工匠们对配料进行调配之后，成功配制出红、黄、青、绿、蓝、紫、黑等不同的色彩，按照器物不同的用途适度增加或配比颜料的比例，经过高温作用，各种颜色交融之后，最终做出的色彩是斑驳而鲜丽的，结合丰满健硕的造型，能直接地说明当时人们的艺术追求。

唐代 持扇仕女俑

◆唐三彩的制作工艺

唐三彩有非常复杂的工艺流程，器物的原料需要经过精心挑选、舂捣、淘洗、沉淀、捏练和储泥。唐三彩的原料是高岭土，烧制完成后胎的颜色为白色或淡黄色。唐三彩成型的工艺和普通的器具类似，通常是采用模制和轮制的方式，复杂的大件器物则采用雕塑的方式，这可能是受到了手工行业的影响。

唐代 风帽俑

唐代 粗瓷罐

唐代 骏马俑

唐代 天王俑

唐代 跪拜俑

唐代 鼓乐俑

唐三彩人物俑的头部一般不挂釉，因为高温下釉质熔化后可能流动，色彩斑斓的釉色如果只是装点在器物上效果肯定很好，但流到人的脸部就不行了。所以，唐三彩人物俑在烧成之后会进行再加工，这一工序称为“歼相”，和我们今天的化妆意思类似，先在脸上涂上白粉，然后把嘴唇、眼睛、眉毛等部位画上去，这样一件唐三彩人物俑才算真正完成。

五代十国时期的陶器

唐末，各种社会矛盾尖锐突出，可是五代十国时期，各地割据政权的存在并没有阻碍陶瓷业的进步和发展，一些割据的藩王政权为保证自己统治的顺利，采取保境安民政策，从某种意义上促进了陶瓷业的繁荣。五代时期瓷器的胎釉、器型、纹饰等都与唐代风格有着继承

北宋 陶笔洗

和变革的血脉联系。这些我们可以通过对五代时期各主要窑口的陶器分析得到证实。

曲阳窑的位置是河北曲阳县的涧磁村。五代十国时候的曲阳窑陶器釉色和晚唐一致，主要色调为纯白或白中泛青，器物的类型包括碗、盘、碟、盆、瓶、罐、灯、枕和各式玩具等，不同的器具有不同的样式，例如碗的造型就有数十种。碗和盘的胎质相比唐朝更薄和轻，经常使用五花瓣口的造型，口沿稍外撇，外壁为瓜棱形，使用窄圈足的设计，制作十分精致；口沿还有制作成葵花形的例子，圈足内底稍隆起，釉色整体为白里泛青，有光泽，外壁釉厚的地方，如同堆脂，色呈淡青。陶器上已经有简单的划花装饰出现了，整体的线条很洗练，品种比之前的增加了很多，通常是在纯白或白中泛青的釉色上，互相映衬，非常漂亮。

宋 陶器

河南密县窑出产的器物主要是白釉瓷。白釉器物的主要种类是碗，玉璧洛水村出土的碗内涂有化妆土，外部釉仅及口下，碗心常可以发现三个支烧痕；另外还有扁带的形柄、短流形壶和罐、灯、碟等造型。

浙江越窑曾经在五代时期创制了黄鳝山窑、燕子冲窑、瓦牌山窑、南山脚窑等。五代时期的越窑非常有名，陶器胎质的颜色为浅灰色或灰色，外表光滑，口沿细薄，在转折处分界明显，能给人一种轻巧的感觉。

五代 青瓷笔洗

五代时期的陶器大多光滑无纹，偶尔能看到刻花装饰，造型的设计非常优美。施釉的工艺通常是很讲究的，器身满釉，釉的整体非常均匀，其制瓷技术如原料加工、器物成型、纹饰手法等都较之唐代有了改进，并成为宋代制瓷业繁荣昌盛的起点。

宋代 陶斗笠碗

宋代 白陶碗

明清时期的紫砂陶

明代的陶瓷业有一个伟大的成就：江苏宜兴出产的紫砂陶。紫砂陶使用的原料是紫砂泥，是一种质地坚硬的陶制品，器表不挂釉，外观非常简朴，表面又相当光润。紫砂陶壶泡茶不走味、盛夏不易馊、耐冷热、急变性能好，故而得到了人们的喜爱。

紫砂陶具最早出现在北宋末年，明代正德年间兴盛起来，其中最为著名的是紫砂茶壶。传说紫砂壶的始创者是宜兴金沙寺的寺僧，僧人将当地的细陶土加以锤炼，手捏为坯，之后经过了许多工序烧制而成，相传至今。

明代 紫砂陶茶壶

明代 紫砂陶樽

明代正德年间，宜兴的进士吴颐山有一位书童，名字叫供春，他仿效寺僧制壶，器型的样子模仿树瘿，然后捏塑成型，使用茶匙挖空内壁，做了几把“树瘿壶”，这种壶得到了明朝文人雅士的欣赏，人们把这种壶称为“供春壶”，因而供春就成了历史上第一位有名可考的制壶名家。当时的名家评论供春壶说：“脱手则光能照面，出冶则资比凝铜。”“供春之壶胜于金玉。”现今，供春壶为极其名贵之物，存世极少。

供春之后的制壶名家还有好几位，以董翰、赵梁、元畅、时朋四家最为著名。四家后代当中制壶水平最高的则是时朋之子时大彬，他制作的壶“不务妍媚而朴雅坚栗，妙不可思”。时大彬的弟子李仲芳与徐友泉也是制壶名家。清代制壶名家中最有名的是陈鸣远，他制的壶，造型更为古朴自然。

◆ 紫砂器和文人雅士

中国古代的文人雅士不仅拥有渊博的知识，还具备艺术才华，他们中的很多人都很热心地参与艺术的创作，例如陶瓷、书画、园林等方面，这促使艺术品逐渐成为文雅的象征。紫砂器的艺术创作，和文人雅士的关系也是相当密切的。在历代文人的眼里，紫砂壶古朴内敛的形体搭配上茶烟，其中的境界简直美妙无比。

明代 紫砂底座

很多文人艺术家参与了紫砂壶的制作，其中陈鸿寿的影响是最大的。陈鸿寿，号曼生，出生于清乾隆和嘉庆年间，原籍为浙江钱塘，善古文辞，是著名的书画家，“西泠八家”之一。曼生为溧阳知县时就非常喜欢紫砂壶，曾经创制了十八式壶样，由陶艺名人杨彭年、杨风年兄妹及邵二泉等人来制造，陈曼生及其幕客高朋江、高爽泉、郭频迦、查梅史等人铭刻和装饰，成品被称为“曼生壶”。

清代 紫砂圆腹壶

明代 金刚砂紫砂壶

后代的书画名家如清末的吴昌硕等人都曾经设计过紫砂壶，这种壶融汇了文学、书法、绘画、篆刻等多种艺术形式，观赏性增加了许多，也充满了丰富的内涵。紫砂陶的第一要素——紫砂土，使用的泥料为紫泥、绿泥、红泥，统称“紫砂泥”，出产于宜兴。这种泥料由天然的矿物组成，开采于岩石和普通陶土之中，因此也称为“岩中泥”“泥中泥”。紫砂土采用隧道式开采的方式，之后还有自然风化、粉碎、过筛的步骤，加水进行搅拌，放阴凉处陈腐、锤炼（真空搅炼），这样才能具有良好的可塑性。

清代 紫砂泥壶

现代 百寿凤耳瓶

紫砂器具有古朴和典雅的特征，中国文人雅士对于这种气质很看重，认为它是能够陶冶情操的独特艺术品。收藏紫砂壶的时候，通常会给壶取一个清雅的名字，就像对待一位知心伴侣，多数的文人喜欢用美人来比喻紫砂壶。例如诗人徐熊飞就用诗来赞颂紫砂壶："吾闻美壶如美人，气韵幽洁肌理匀。珍珠结网得西子，便应扫却蛾眉群。"这种评价是非常高的。还有文人为自己收藏的紫砂壶命名"浴后妃子"，喻指华清池内沐浴的妃子。

紫砂器发展的历史可以概括为：兴于明，盛于乾隆嘉庆，衰于道光咸丰。明清时候的文人和紫砂器有不解的缘分。文人们喜爱收藏紫砂器，平时进行把玩和欣赏，更有甚者还亲自制作，设计器物的形制和风格，随后将本人创作的诗文和书画交付紫砂器艺人，由艺人进行后期制作。文人的这些诗文以及书画，许多都能直观反映出其人生哲学和处世态度，通过这些作品还能够认识到他们的内心世界。正因为有了文人参与制作，原本高雅的紫砂艺术有了更为深厚的文化底蕴。

清代 名士四方壶

近代 祥和壶

◆ 实用和艺术的结合

紫砂器当中最著名的器物是紫砂壶，这种器物也完美融合了陶器的实用性与艺术性，是艺术品中的实用品。紫砂壶的制造，一方面要周密地考虑使用性能，另一方面要精心设计造型和壶身的图案。

清代 情深义重壶

现代 报春壶

紫砂壶的基本结构包括壶身、壶钮、壶盖、壶嘴、壶把和器足，每一部分单独成型，最后粘接在一起便构成一把完整的壶了。无论是何种风格、何种类型的紫砂壶，都少不了这几种基本要素。

现代 金线龟壶

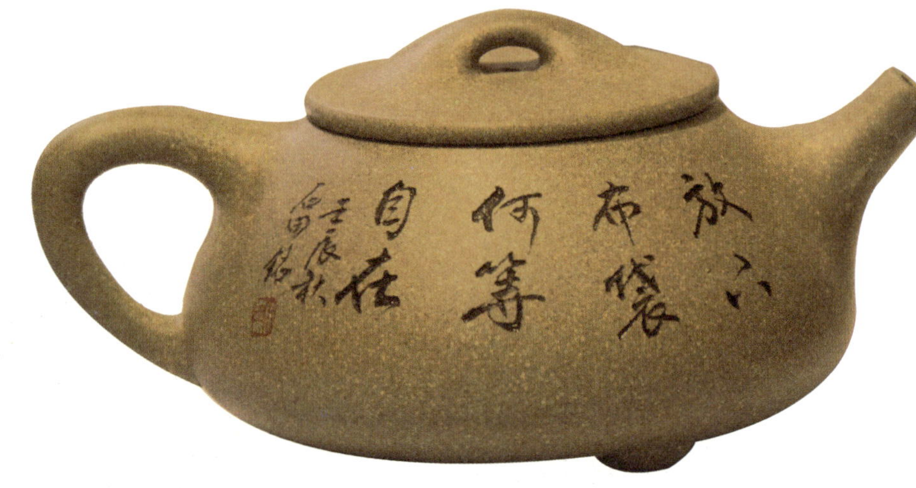

现代 石瓢壶

壶身是紫砂壶器形构成要素中最显眼的部分。紫砂壶的壶身形状各异，且具有很鲜明的时代特征，一般年代越早，形体越大。明代紫砂壶，壶身一般较大，气势沉稳；清代紫砂壶，壶身变小，以小壶居多。当代紫砂壶的壶身更是千变万化，不拘一格。

现代 佛手壶

近代 泥绘壶

紫砂壶的壶盖主要有嵌盖、压盖、截盖三种形式。

（1）嵌盖。嵌盖是壶盖嵌于壶口内的样式，并与壶身融为一体。有平嵌盖与虚嵌盖之分，能达到“准缝如纸、发之隙”者属上品。平嵌盖口与壶口呈同一平面，制作时在同一泥片中切出，故收缩一致，仅有“纸、发之隙”，有圆形、方形、异形、树桩形等。虚嵌盖与壶口呈弧形或其他形状，形制规整。口部以装饰线处理，有直口、瓢口、雌雄片口等结构，与平嵌盖手法相似，以严密、精缝、通转为上。

现代 汉铎壶（嵌盖）

（2）压盖。亦称“完盖”。壶盖覆压于壶口之上的样式，其边缘有方线和圆线两种，均与壶口相呼应。与口置平的泥片称“座片”，弯起泥片为“虚片”，壶口泥片称“坨子”，壶墙的泥圈为“子口”，几个部位及转折过渡用脂泥镶街，润合贴切、浑若天成。壶盖稍大于壶口之外径的俗称“天压地”，以适应功能和视觉的要求。

（3）截盖。这是紫砂壶特有的一种壶盖形式，以壶整体截取一段作壶盖而故名。其特点是简洁、流畅、明快、整体感强。制成后盖与口不仅大小合适，而且外轮廓线互相吻接，严丝合缝，故技术要求较高。有截盖、克截盖、嵌截盖之分。

现代 匏尊壶（压盖）

现代 景舟石瓢

一把紫砂壶制作完成，口和盖的配合应达到“直、紧、通、转”四点要求。“直”即盖的子口要做得很直，举壶斟茶时，壶盖不会脱出；“紧”即盖与口之间要做到严丝合缝，盖启自如；“通”即圆形的口和盖，必须圆得极其规正，盖合时要旋转爽利；“转”即方形紫砂壶和筋囊货的盖，盖合时可随意盖合，纹形丝毫无差。此外，任何壶式的紫砂壶，壶盖上都要开一个内大外小的喇叭形小孔，这样才不易被水汽糊住，以便于注茶。

壶钮是为揭取壶盖而设置的。钮虽小，但有“画龙点睛”的作用，变化丰富，是茗壶设计的关键部位。常见有球形钮、珠钮、桥梁钮、瓜柄形钮、树桩形钮、动物肖形钮。

华颖壶（球形钮）

（1）球形钮。圆壶中最常用的钮，呈珠形、扁笠形、柱形，往往取壶身缩小或倒置造型，制作中采用“捻摘子”工序，搓、转、压挤而成，简洁快捷。

（2）桥形钮。形似拱桥，有圆柱状、方条状、筋文如意状等。做环形设单环、双环，亦称“串盖”。平缓的盖面，环孔硕大的为牛鼻盖。

（3）瓜柄形钮。花塑器常用的钮式，如南瓜柄、西瓜柄、葫芦旁附枝叶，造型生动活泼。

现代 大吉大利壶（瓜柄形钮）

（4）动物形钮。源于印钮。有狮、虎、龙、鱼等，有写实、抽象变形、仿古手法并举，与主体统一协调即可。

（5）树桩形钮。取植物或瓜果的形态捏制而成，如梅桩、竹根、葡萄等。

（6）花式钮及其他。随着新的陶艺形式发展，打破传统程式，以壶边大于口取代壶钮，有盖与钮融为一体的。

现代 梅花双竹壶（树桩形钮）

紫砂壶的壶嘴也是至关重要的，它关系到出水是否畅通，注茶爽利不涎水。因此，嘴的制作工艺非常讲究，嘴式的长短、粗细及安装位置都要恰当，壶嘴内壁必须光滑畅通，出水流畅，收水时不滴水、不流涎。它与壶体连接，有明显界限的称明接；无明显界限，胥出自然的称暗接。壶嘴根部的出水眼，明代多为独孔，因易被茶叶堵塞，从清代中期起为多孔，有三孔、七孔、九孔等。

从外形上看，紫砂壶壶嘴的嘴式可分为五种基本式样，即一弯嘴、二弯嘴、三弯嘴、直嘴、流。

（1）一弯嘴。形似鸟啄，俗称啄嘴，一般为暗接处理。

（2）二弯嘴。嘴根部较大，出水流畅，明接和暗接处理均可。

（3）三弯嘴。源于铜锡壶造型，早期壶式使用较多，明接处理较常见。

（4）直嘴。形制简洁，出水流畅，明接和暗接处理都有。

（5）流。又叫“鸭嘴”，近代才开始流行于茶具，源于奶杯造型，一般用于茶器、咖啡具的造型上。

现代 东方明珠壶（一弯嘴）

现代 平盖莲子壶（二弯嘴）

现代 [illegible]壶（直嘴）

现代 传炉壶（二弯嘴）

壶把是为便于握壶而设的装置，源于古青铜器爵杯的弧形把。一般位于壶肩至壶腹下端，与壶嘴位置对称。紫砂壶的壶把主要分为端把、横把、提梁三种基本式样。

（1）端把。亦称“圈把”，大多数紫砂壶采用端把，其使用方便，变化丰富。把、口、嘴三点呈水平、对称。垂直形式安置，具端庄、安定的效果。

（2）横把。安装在壶身上，与壶嘴对称，圆筒形壶上多用横把。由于使用习惯的原因，现今很少见。

（3）提梁。是壶把的一种特殊式样，安装在壶体的上方，形式多样，具有很强的装饰作用。提梁还可分为硬提梁和软提梁两种。硬提梁与壶身连在一起，成为整体，其优点是形式感强，透出一种高雅之气，缺点是所占空间较大。软提梁又称“活络提梁”，是制坯时在壶的肩部做一对用来安装提梁的系纽。壶烧成后，用金属丝、管，细藤条、细竹根等做成半圆环，装在系纽上制成。软提梁的优点是壶把可拆卸，便于包装运输。

现代 天际壶（端把）

现代 北瓜提梁壶（提梁）

器足是紫砂壶底部的承重部位，其设计直接关系到紫砂壶能否放置平稳，底足的尺度和形式处理，直接影响造型的美观，因此历代制壶工匠都十分重视器足的设计和制作。紫砂壶的器足主要分为捺底、加底和钉足三大类。粘接制作方式有明接、暗接两种。直方挺直造型的壶宜用明接，圆韵浑朴的造型宜用暗接处理。

（1）捺底。即实际上没有足，是壶身的自然结束，为了搁放平稳，底部是向上鼓起的，多用于圆形紫砂壶，简洁灵巧。

（2）加底。在壶身成型时加一道足圈，并用脂泥复合嵌接，亦称“挖足”。加底、脚圈应视主体造型而设置，用复子和勒子工具加工处理，亦有借鉴花盆底足处理手法，在方壶上采用挖出“犴门”有扁梯形托榫足等。

（3）钉足。是为了使器形不呆板，趋向活泼，搁放平稳，形制大小，钉脚高、矮、粗、细宜视主体而统一协调，圆器一般用三支钉足，方器则为四支钉足，从实践使用而言，钉足不宜太高。

制壶工匠在制坯时会结合每一种壶式的特点而选择相应的器足，由于壶式众多，所以从这三大类中又衍生出了许多不同类型的器足。明代中期以来，历代制壶工匠精心制作的紫砂壶器足，细小的种类已有一千多种。

紫砂壶不仅是一件可以赏玩的艺术品，还是一种功能性很强的实用品，随着紫砂泥的日益稀少，紫砂壶也日益昂贵起来。如何挑选到一把好品质的紫砂壶成了很多收藏者的难题。在选购紫砂壶时，不妨就以下几点加以斟酌。

现代 卧虎藏龙壶（加底）

现代 汉铎壶

（1）造型与外观。每个人对美感的欣赏角度各有不同，毕竟是自己使用的，对于壶的造型和外观，依个人喜好，只要自己看得舒服满意就好了。

（2）质地。主要是看胎骨及色泽，胎骨要坚，色泽要润。选用新壶，可先轻拨壶盖，以音响铿锵轻扬、壶声悦耳者为佳。

（3）味道。应仔细闻一下壶的味道。一般新壶可能会略带土味，可以选用。但若带火烧味或其他杂味，如油味或人工色味就不要选购了。

（4）精密度。即壶盖与壶身的紧密程度要好，否则茶香易散，不能蕴味。测定方法是注水入壶，手压气孔和流口，再倾壶，以涓滴不出说明精密度高。

（5）出水。壶的出水效果跟“流”的设计最有关系。倾壶倒水，能使壶中滴水不存者为佳。出水水束的“集束段”长者为佳。

（6）重心。一把壶提起来是否顺手除了与壶把设计的弯度及粗细有关外，壶把的力点是否位于（或接近于）壶身受水时的重心也是应该注意到的，测定方法是注水入约四分之三，然后慢慢倾壶倒水，顺手者则佳，反之则不佳。

（7）适用。壶的特性与茶的特性相配合，则适用性更佳。紫砂壶宜茶，一

现代 合菱壶

般是壶音频率较高者，适宜配泡重香气的茶叶，如清茶等；反之，壶音稍低者较宜配泡重滋味的茶，如乌龙、铁观音等。

紫砂陶器型多样，单是茶壶的类型就有光货、方货、筋瓢货、花货四种。光货，指的是那些大小和高低都不同的圆球形、圆柱形、圆锥形的器皿，这种器皿有浑厚朴实的特点；方货，有四方、八方、六方、长方、侧角、抽角等多种类型，这种器型端庄规矩；筋瓢货，是许多花的变形，例如菊花、葵花、梅花、菱花、海棠花等，不同花在图案上是不同的，形象生动；花货，素材通常来源于大自然，例如松、竹、梅、树藤、瓜果等，通过艺术的取舍，夸张变化，让它富有生趣，如在壶体上堆雕和捏塑各种枝条和叶果等，带有浓郁的生活气息。

紫砂壶的挑选也是一门很深的学问。一方面要重视紫砂壶的内涵，另一方面还应关注其日常实用性，紫砂壶同时集合了文化和艺术的特色。紫砂并不是单一的紫色，紫砂泥根据不同的泥料配比，高温烧造之后显现的颜色多样，包括朱砂红、枣红、紫铜、海棠红、墨绿、青蓝等。紫砂壶有十分精湛的制作工艺，优秀紫砂壶的流、把、钮、盖、肩都有合理的比例，整体线条流畅。

第七章 陶器的鉴定和收藏

陶器

古陶器的价值标准

1. 古陶器的历史价值

和书画、玉器、青铜器、金银器等物品一样，古陶器也是历史留下的实物见证，这种物质财富通常都是无法再生的。古陶器本身的历史文化气息是非常浓厚的。我们通过对这些古陶瓷的观察与研究，能够寻找到人类历史的一些踪迹。

宋代 陶碗

汉代 素陶瓶

2. 古陶器的美学价值

古陶器的美感体现在造型、釉色、彩绘等方面，如果细细观察古陶瓷，便可以体会到美的熏陶，而且越是名窑精品，器物本身的美感就会越强烈。

3. 古陶器的研究价值

古陶器具有非常高的文物研究价值，一直都是中华民族传统文化当中密不可分的一部分。研究中华民族上下五千年历史，古陶器肯定是不可缺少的研究对象。

4.古陶器的经济价值

古陶器因为具有历史、美学、研究价值，因此也有了收藏的价值，收藏价值会催生出相应的经济价值。在市场经济占据主导地位的今天，这个道理不言而喻。

中国历史上曾经出现了多次收藏热潮，概括下来有五次：北宋、晚明、乾隆、民国、从改革开放到现在。每一次收藏的热潮都是以稀有的古玩、文物为依托，迅速上升的市值则是“杠杆”，这都让博大精深的华夏文明一次又一次地得到推广。

周代 陶鬲

古陶器的判别标准

◆ 纹饰

古代陶艺大师在陶器的发展进程中，不断地结合时代需求，发明出新的材料、新的器型和新的审美样式，但无论在怎样的历史浪潮中，陶艺大师都将天人合一、物我交融、生生不息的生命情态展现在各个时代的陶器作品中，供后人鉴赏和借鉴。

汉代 陶罐

汉代 陶井

陶艺的意象起源能够探寻到上古神话。女娲捏黄土造人是我国一个非常古老的创世神话。这个神话也显示了古陶时代那种独特的话语方式，陶土则意味着生命的意象。

甘肃省秦安县大地湾遗址当中曾经出土了一件人头形器口彩陶瓶，这件瓶子是仰韶文化时期的典型之作。彩陶瓶的器口为圆雕的人头像，非常像孕育生命的母亲，腹部隆起，不但实用，还富有象征内涵。

人头形器口彩陶瓶

艺术史的历程告诉我们，不同时期的杰出作品均是人类“远观诸物，近取诸身”，取舍创造，最终制作出来的。从山顶洞人制造的贝壳项链，我们便可以推测出古人也懂得如何装饰自己，怎样美化和赞颂人。原始民族都有文身的习惯，而彩陶艺术则可以说是人类将文身艺术体现在了陶器之上，这种艺术也是人类智慧和情感的结晶，是对生命的一种歌颂。

汉代 陶匙

彩陶图案当中有许多几何形纹饰，通常可以认为是早期陶器中编织物纹印以及渔网、水涡、树叶等自然图形的意象，还可以看成是原始人内心的涌动和视觉上的体现。人可以将身体感觉到的运动、均衡、强弱等节奏感使用画笔进行描绘，这是非常神奇的。彩陶当中的动植物形象通常都是利用几何形把它们概括出来，最终的效果也是形神兼备的，这都充分凸显了彩陶艺术的写意水准。彩陶的象形图案也是非常多样的，最基本的主题是生命主题，还有鱼、蛙、植物果实、花朵的一些描绘。

汉代 陶马

汉代 茧形陶壶

陶瓷器上的纹饰就像人们的衣冠，因此带有鲜明的民族性、地域性和时代性，鉴定古陶瓷的时候不能忽略这个问题。陶瓷器的纹饰非常复杂，依据内容区分则有人物、动物、植物、山水等，按装饰的手段则可以区分为堆塑、捏塑、刻花、印花、锥刺等。陶瓷器上的纹饰，不管是题材还是使用的表现手法，都可以不同程度地展现中华民族的审美情趣和生活方式。

汉代 陶瓶

人们在新石器时代黄河流域的仰韶文化半坡遗址中发现了一个人面鱼纹彩陶盆（现在收藏在中国国家博物馆）。其内壁上有两组对称的人面鱼纹。当时专家曾经猜测之所以有这种纹饰，是因为当时生产力十分低下，很多自然现象无法解释，儿童夭折后，人们就请巫师使用鱼形饰物附体于夭折的儿童，这样便可以超度亡灵。

黄河流域的马家窑文化中可以看到旋涡纹，这种纹样结构非常复杂，整体感觉非常精美。它把黄河水描绘得那么明快流畅，使其拥有极高的艺术感染力，反映了我国原始社会的人们在陶器上高超的绘画技巧。

汉代 陶罐

古陶器上常见的饕餮纹取材于动物，这种纹饰具有非常浓厚的中国色彩。根据一些考证可以推测出，饕餮纹始见于新石器时代晚期。商代青铜器上的饕餮纹装饰是最美丽的，很多陶器上的饕餮纹也很精美，尤其是白陶器上装饰的饕餮纹，纹饰之精美可以和青铜器媲美。商代之后陶瓷器上很难再见到典型的饕餮纹，一直到明清时期这种纹饰才再度大量出现。

我国陶瓷器上的莲纹是植物纹饰中使用频率最高的，还被称为“莲花纹”。南北朝时期佛教盛行，莲花纹因此变成了当时陶瓷器装饰的典型纹饰，这种纹饰一直延续到了清代。莲瓣纹是从莲花纹中延伸和发展出来的，早期陶瓷器使用莲瓣纹进行主题的装饰，如南北朝的精品青釉仰覆莲瓣纹尊，这种工艺品的造型和纹饰都很华丽。元、明、清时的莲瓣纹或变形莲瓣纹通常是辅助的纹饰，一般出现在器物的肩、颈部位。束莲纹出现的最早时期是宋代，元、明、清瓷器中的盘类上也较多出现，尤其是明代永乐、宣德年间的青花盘心，盛行描绘一束莲纹。

唐代 力士俑头

唐代 女俑

在陶瓷器的器表装饰山水绘画的风气始于唐代。河南省偃师市唐恭陵曾经发掘出了一件纯粹的山水纹陶罐。这也给我们研究初唐陶瓷绘画艺术提供了有价值的实际物件。元代的青花、釉里红中，纹饰上也出现了部分山水画面，独立意义的山水纹最早出现在明代的瓷器上。清代康熙的青花山水画中还采用了“斧劈皴”风格来描绘山石，对于色调深浅把握得很好，达到“墨分五色”的效果。雍正时期则改为“披麻皴”法画山石，瓷器上面的绘画风格随之出现了变化。乾隆时期瓷器上的山水纹有非常丰富的层次，几乎与国画无异，整体的艺术水平十分高超。此后清代山水纹就没有什么新的发展了。

明清官窑瓷器与民窑瓷器在纹饰上的差异非常明显。官窑瓷器的细节处理得好，制作方式较为程序化，而民窑瓷器则有明显的随意性和质朴的民间风格。熟悉每个朝代官窑、民窑的纹饰特点，有助于鉴定的工作。

唐代 女俑头

◆ 制作手法

陶器的制作一开始并不借助工具，仅仅利用手感来感知气韵。史前的作品不管是器型还是纹饰，都非常原始和质朴，浑然天成。湖北省天门市邓家湾遗址曾经挖掘出了一部分陶塑，属于新石器时代晚期出现的石家河文化，距今有 4600—4000 年，遗迹中出土了 1 万多件陶塑动物人偶，均为捏制而成。这些原始的作品具有淳朴的本质、生动的造型，神奇地展现了原始艺术发展的连续性和新石器时代陶器的成熟。

唐代 女陶俑

彩陶使用的绘画手法基本采用装饰图案中点、线、面造型的三大要素，经过不同组合，制作出来的作品也是气韵生动，节奏多变，而且富有寓意。庙底沟、马家窑出土的彩陶，就是成功地运用点、线、面设计造型的例子。中国国家博物馆现在收藏的马家窑类型彩陶旋纹罐，罐高 50 厘米，口径 18.4 厘米，为细泥红陶，通体磨光，敛口，口沿、肩、上腹部分装饰有旋纹和水波纹，罐体的造型非常简洁，上部饱满，下部收敛，圆润且富有韵味。此罐造型较大，线形丰富，色彩对比强烈，故而被誉为“彩陶之王”。

唐代 陶牛

唐代 男陶俑

唐代 彩绘陶马

陶瓷工艺充分彰显了古人出众的智慧和丰富的创作经验。不同历史时期的陶瓷在工艺技术上的差异决定了当时陶瓷器的美观和质量。陶瓷器工艺技术的时代特征是非常鲜明的，通常情况下，时代越早，工艺技术越原始，水平越低下；时代越晚，则工艺越先进，制作水平的技术含量相对也高。陶瓷器的生产环节和工艺技术都非常复杂，生产中的胎釉原材料的配方、加工成型方式、窑烧方法、燃料种类、窑炉环境等都很复杂。只有合理配合陶瓷器的每道工序，才能达到完美。在鉴定中，要注意抓住这些特点，不但要注意造型、纹饰等问题，还要观察不同时代的工艺技术，这对于鉴定结论的得出都是有帮助的。

例如新石器时代早、中期的陶片中常可以观察到已经粘连的层理和层理剥落的现象，通过这个现象可以推测出当时最原始的制陶工艺成型方法，考古研究者称为“泥片贴筑法”。新石器早期出现的河姆渡文化一期的陶器，常常使用筐、篮等编织成器进而制陶，陶片层层相贴，最终烧成。随后新石器时代中期发展出了“泥条盘筑法”，就是用手工把黏土制作成泥条，然后盘圈筑成器型，再烧造成陶器。因此，我们通过观察一些早期的陶器，就可以直观地看到凹凸不平的泥条盘绕，这同样是鉴定陶器的重要依据。商与西周时期原始瓷器通常也是使用泥条手工制作，因此商代很多原始瓷器器型不甚规整，器身歪斜且高低不平。春秋以后，原始瓷的制作工艺转变为拉坯轮制成型，器壁的厚薄很均匀，器型规整完善。当时的圆器像碗、盘一类，内底和器壁均可以发现手指拉坯遗留的明显的螺纹，外底上还常有刀割的痕迹。这些器物上面残留的痕迹，对鉴定原始瓷器帮助很大。在元代，青花琢器和圆器一般还是利用手工脱坯的工艺制作完成。器物制作一般都是分段制作模型，然后将泥料放到模型内，用手压实，稍干取出，这就制成了器胚，之后对接器胚，制作完成整个坯体。我们了解了元朝青花特殊的成型工艺，进而就可以明白元青花器物中为何出现了那么多八方梅瓶、多棱玉壶春、棱口大盘等，这类造型通过拉坯成型法通常是不好制作的。元青花使用了脱坯的方法，器物的表面常可以发现接胎的痕迹，有时候可以发现接缝上的误差，用手摸釉面就会发现表面不平。因此现在元青花的釉面通常都是高低不平、不太均匀的。许多仿元的青花器物利用了拉坯甚至注浆的方法制作而成，因此我们在这里向元青花的爱好者提出了一个分析研究以及鉴定的新思路。

唐代 粮仓模型

西晋 釉陶器

◆胎与釉

胎与釉一直都是陶瓷器的基础。不同的窑口选用的原材料都是不一样的，因此各窑口的胎、釉部分的差异相当明显。烧窑内部的情况不同，烧成的陶瓷产品会出现质地上、釉色上的差异。通过仔细观察胎体和釉面的光滑程度和细腻程度，便可以明白各窑口产品的胎釉特点，从而鉴定出器物的年代、窑口。

西汉 绿釉粮仓模型

西汉 绿釉陶器

新石器时代的陶器通常是不挂釉的。那个时期的窑炉简单，陶器成型于较低温度下的氧化环境当中，烧成后的胎体呈红色，人们称为“红陶”。后来陶窑的结构继续演变，陶器则可以在温度很高的还原环境中成型，陶器胎体的颜色则变成了青灰色，灰陶的胎骨相比红陶硬度更高。新石器时代的早、中期的陶器主要是红陶，晚期直到商周时代则主要为灰陶。观察陶器的胎色就能够推断出所处的年代。原始青瓷出现于商代时期，这是瓷器的低级阶段，烧窑的温度不高，胎质尚未完全烧结，器物多施薄釉，釉层不够均匀且厚薄不一致，胎体釉面当中还未出现互相渗透的层次，器物比较容易脱釉。到了春秋战国时代，原始青瓷的胎釉质量得到了提升。钧窑是宋代五大名窑之一，鉴定时观察的内容也主要为胎骨与釉。北宋钧窑胎质不但细腻，而且坚硬，胎色主要为深度不一的青灰色，釉色主要为天青色，青中带红，表面的釉层结实厚重，常出现不规则的细线，这种细线名为“蚯蚓走泥纹”。元后仿钧窑，胎土远不够细腻，胎质粗劣，釉色基本为月白，经常可以发现部分铜红斑块，多棕眼现象。

鉴定古陶瓷，除胎体、釉面外，底足也是需要着重留意的部位。观察底足露胎之处和器底，便可以发现器物胎体新旧程度的对比，年代久远的陶瓷器胎体常出现干酥、自然老化的现象，那些时间较近或新仿的胎骨则表现为新湿、粗硬。历史悠久的陶瓷器釉面上常可以发现温和内敛的光泽，而新仿的陶瓷器釉面则有刺眼的光亮，部分专家称这是“贼光”“火气”。研究陶瓷器的底足胎釉有助于鉴定真伪。水平差一点儿的造假者，经常在仿品上增加一些黑脏的物质，进而迷惑鉴定者；细致的造假者则多使用接底手法，将老底嫁接到新器身上，底足上还可以发现款识。我们鉴定底足的时候要仔细，马虎不得，否则很容易看走眼。

元代 陶壶

◆ 款识

款识还称为铭文，通常是利用刻、划、画、印、写等手段在陶瓷器上雕刻文字或符号、图案等内容，这些印记能够表明陶瓷器的年代、窑口、制作者、使用者、供养人及用途等信息。陶瓷器款识的种类有许多，如纪年款、堂名款、斋名款、人名款、地名款、吉言赞颂款、干支款、花押款、图案款等。陶瓷器的款识属于陶瓷器装饰内容的附属品，不同的款识在内容、结构、字体、颜色等各方面的时代特征都是非常鲜明的，所以鉴定陶瓷器的时候也不能忽略这个问题。

汉代 短颈罐

汉代 陶器套件

汉代 雕像残件

从曾经出土的新石器时代晚期部分陶器中发现刻划的符号，我们据此推测这是最早的款识。在战国时代的日用陶器上曾经发现了雕刻的文字，这些文字据推测是制陶工匠的姓名或窑场的名字。在汉代的陶明器中，经常出现有款识的器物，例如江苏扬州市发掘出的东汉早期砖室墓里，可以看到刻有铭文的釉陶仓。仓房的中部设置有窗，窗的两侧雕刻有竖排的铭文，铭文字体为阴文隶书字体，左侧雕刻着“屯（囤）嵩（端）大吉利，内（纳）谷”，右侧为“屯（囤）上鸟，名风皇（凰），宜富昌，辟（避）央（殃）”，釉陶仓上两边一共雕刻了 18 个字，通过了解内容，我们也明白了囤积粮食的重要性，仓房顶部使用凤凰来装饰，这能凸显古人渴望“富贵吉利”的美好愿望。

唐代 陶俑

目前所知的最早的带题记的陶瓷器发现于浙江省鄞县，器物为东汉的青瓷壶。这方壶的底部刻有“王尊”的字样。纪年款的陶瓷器最早发现于三国时期，南京市博物馆当中收藏了三国吴的一个青釉堆塑人物楼阙魂瓶。瓶肩上面装饰和堆塑了许多不同的饰物，其中一个是卧龟趺碑，碑为圭形，雕刻款识文字为“凤皇（凰）元年立位长沙太守友作浃使宜子孙”，内容包括年代、制作用途、使用者等。

宋代之后的陶瓷器上的款识，尤其是纪年款较之以前的数量出现了大量上升的情况。除了单纯的纪年款，有的款识上还带有吉语、诗词、宫殿名称、制作者姓名的文字，以刻划为主，书写和模印的比较少。例如收藏于甘肃省博物馆的一件白地黑彩瓷枕，枕的外观为长方形，枕面上描绘着猛虎，右上侧的款识为“明道元年巧月造青山道人醉笔于沙阳”，底部雕刻有“张家造”的字样。其中提到的“巧月”，意思就是农历的七月。我国的美丽传说：农历七月七日夜，牛郎织女相会，妇女于是在夜晚穿针引线，这个行为被叫成“乞巧”，因此七月七日又称为“乞巧节”。北宋时开封城七月初甚至会开设乞巧市。“沙阳”意思为沙河之阳，地点就是河北省的西南部。“明道元年”指的是宋仁宗时期，即1032年。通过铭文就能够知道其制作年代、制作地点，甚至能够了解器物数量、供养人和用途等。明清两朝，款识大部分都出现在景德镇官窑、民窑瓷器上。明代永乐之后的官窑瓷器开始将帝王年号制作为款识，历代相袭，例如“大明宣德年制”“大清乾隆年制”等。官窑器的款识种类是非常丰富的，例如明代成化的“天”字罐，青花楷书“天”字作为款识，无罔栏。

汉代 茧形壶

汉代 熊腿陶粮仓

清代道光时期出现了用楷书雕刻的“慎德堂制”款，慈禧太后则专用“大雅斋”的红彩款。除官窑外，民间窑场中也有署写年款和不同款识的，例如明代款识内容为“大明年造”却不标记年号的通常都是民窑的产品。清代康熙时期民窑当中还有一件烟壶的款识仿“大明成化年制”的字样，其中款识中的“年”字用草书写成，很像“多”字，因此得名“多年”烟壶。民窑器物的款识往往字体较差，仿官窑器物的款识字迹通常也没有力道，有的还十分潦草。款识当中常常可以发现吉祥语、花押或图案，比如明代洪武年间的瓷器中有“福”的草书字。嘉靖、万历时期还曾经有“玉堂佳器”的款，这一款识延续到清代顺治、康熙年间。明朝天启时期一部分陶罐底部刻画有兔子的图案，故而得名“兔子罐”。而晚清时期，许多民窑青花瓷器底部都能够发现简单的青花年款，字体随意，因而辨识也很困难。

汉代 双耳陶罐

古陶瓷器的鉴定需要仔细观察款识的时代风格，通过观察款识的书写笔法、字体结构、排列形式、文字的用料和颜色等，就可以掌握字体特殊的用法，再去判断器物的造型、胎釉的色彩等内容，认真地加以推敲，最终则可以去伪存真。

汉代 圜底陶罐

汉代 陶屋模型

古陶瓷的鉴定需要系统进行，基本上要做到综合考虑，仔细观察。要避免看一点而不看另一点的情况，也不能只看到显眼的问题而忽视细微之处。通常情况下要综合观察，认真研究多方面的问题，如只抓住某一两点就匆忙下结论，那就可能有所偏颇。

古陶器的仿造形式

◆ 无本而仿

无本而仿通常出现在新石器时代的彩陶伪作之上。这种作伪方式在造型、纹饰等方面没有现成的模本，因此要根据作伪者自己的想象，这种方式制作出来的伪品都是低仿品。使用这种方式伪造出来的彩陶，通过仔细观察造型和纹饰，都能够发现不符合彩陶的诸多特征，反而可以看到作伪者本身所处的时代特点，这样的器皿比较容易辨认。

西周 陶罐

西晋 五兽陶器

◆ 有本而仿

新石器时代的彩陶伪器都是按照真实的器皿进行模仿的，因此仿品种类繁多，市场上经常能够看到的就是仿制的人面鱼纹盆、庙底沟类型彩陶钵、马家窑旋纹彩陶罐等类型的器皿。仿制品根据不同彩陶文化类型中典型的器物进行伪造，一般只能仿造型和纹饰，仅有非常少的高仿品会仿制所有方面，例如原料、淘洗、成型工艺、烧造、色彩等，这种伪造品是可以以假乱真的。

还有一些新石器时代的彩陶伪器中部分器皿并无纹饰，导致这种情况的原因可能是纹饰脱落，也有可能器皿本身纹饰就不多。作伪者通过模仿某种价值高昂的彩陶纹饰，期望能够获得暴利，有时候还会把原先的纹饰增加或者是改动，经过这种操作的陶器就是高仿品了，较难辨识。

新石器时代的彩陶许多并不完整，尤其是鼎盛期的庙底沟类型的彩陶，通常残缺的情况很严重，这也给作伪者提供了条件。作伪者常常把底或者面积较大的彩陶残片拼接到伪器上面进行造假，这样的彩陶也不容易辨别，因为有时候发现局部是真品，进而误以为是真器，从而放松警惕。

西晋 陶水瓢

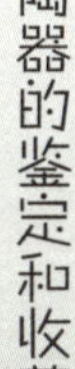

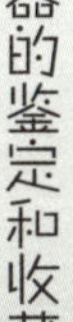

汉代 彩绘鸭蛋罐

汉代 说唱俑

汉代 茧形壶

唐代 三足陶器

汉代 陶罐

唐代 仕女俑

陶器的收藏

陶器是用黏土或陶土经捏制成型后烧制而成的器具。历史悠久，在新石器时代就已初见简单粗糙的陶器。

陶器的发明是人类社会由旧石器时代发展到新石器时代的标志之一。由于陶器在古代是一种生活用品，因此也是文物中数量最多的品种之一。

由于我国地域辽阔，不同地区的陶器存在差异，可是也具有千丝万缕的联系。收藏陶器不但可以了解不同时期陶器的质地、器型、纹饰工艺等内容，这样也可以精确地了解我国陶器的发展历史。

汉代 青釉动物俑

唐代 仕女陶俑

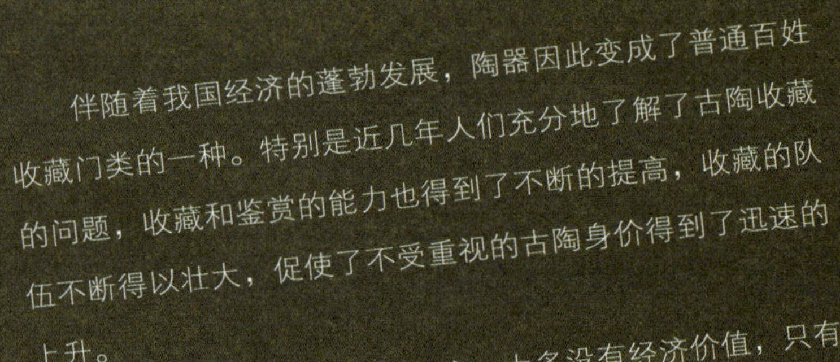

伴随着我国经济的蓬勃发展，陶器因此变成了普通百姓收藏门类的一种。特别是近几年人们充分地了解了古陶收藏的问题，收藏和鉴赏的能力也得到了不断的提高，收藏的队伍不断得以壮大，促使了不受重视的古陶身价得到了迅速的上升。

但是，就市场上的陶器而言，大多没有经济价值，只有少数如秦汉瓦当，北魏、汉、唐俑人及动物俑，以及绘画精美的彩陶和能够代表某个时期、有研究价值的陶器才有价值。因此，大多数陶器收藏者只是收藏一些精美的彩陶。

唐代 三色骆驼俑

提到彩陶，人们最关注的就是收藏与保养。彩陶的收藏最早开始于原始社会，现代意义的收藏则时间比较短，最早是从 20 世纪 30 年代开始。当时发现了仰韶文化和马家窑文化彩陶，中国彩陶独有的魅力让全世界为之侧目。收藏市场上开始有人收购彩陶，中华人民共和国成立之前，非常多的彩陶被偷运到境外。中华人民共和国成立之后遏制了盗掘彩陶文物的风气，目前市场上流通的彩陶通常都是中华人民共和国成立前的传世品。现在我国的国力日益强盛，收藏的风气逐渐兴盛，贵重稀少的彩陶也受到了人们的追捧，目前市场的行情可谓“物以稀为贵”。

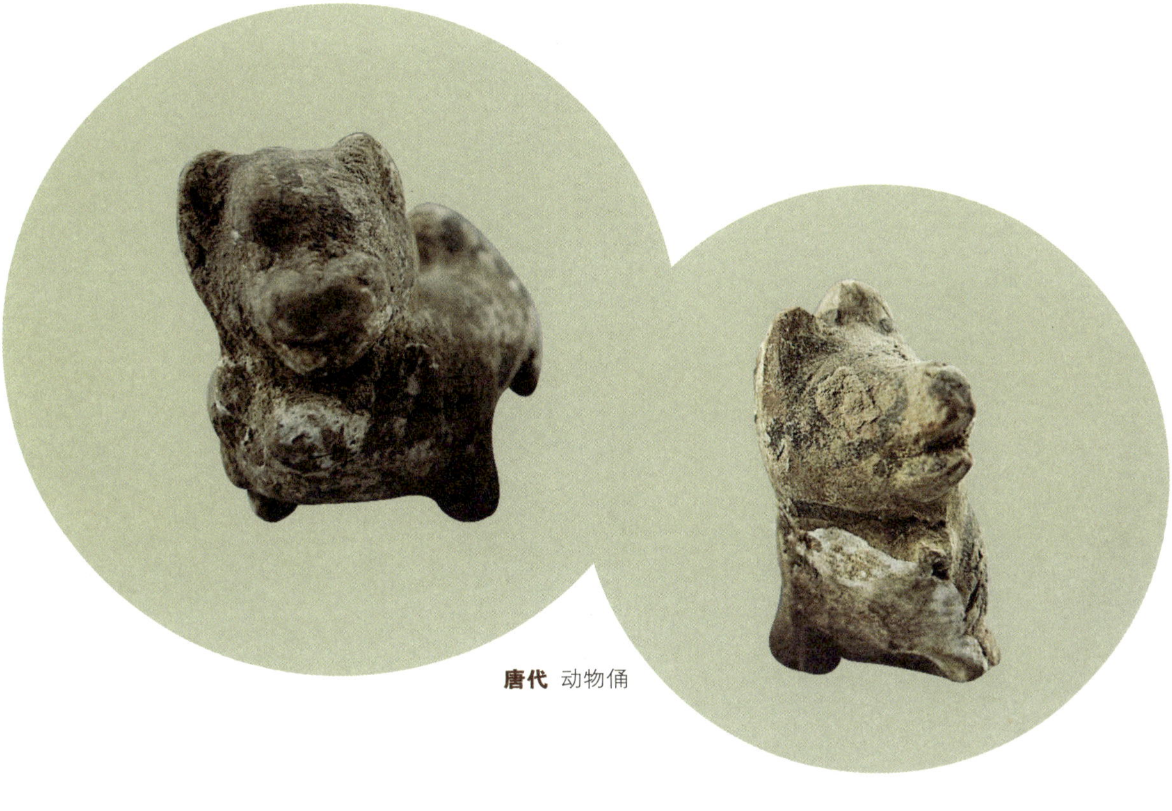

唐代 动物俑

彩陶最近几年受到了收藏界的追捧，但彩陶的造假情况日益严重，赝品数量甚至超过了真品，无本而仿、有本而仿、真器伪纹、拼接作伪的伪造手段非常常见，鉴定的时候必须仔细分辨。

购买到自己喜欢的陶器并不是就万事大吉了，保养的问题接踵而来。彩陶制造的年代距离今天非常遥远，胎体比较脆弱，保养需要注意的问题就更多了，主要包括清洗、加固、存放环境等。合理的保护才能让彩陶继续焕发光彩。

唐代 武士俑

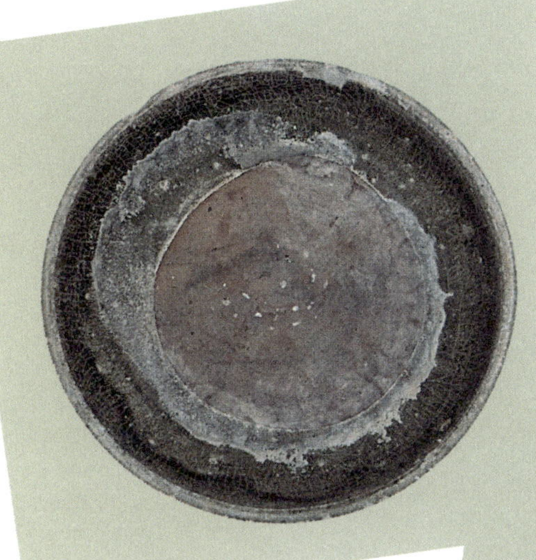

唐代 素陶盘

唐代 素陶瓶

古代流传下来的彩陶并不多，交易量不大，目前以古玩市场上的交易最为活跃，例如在北京的潘家园、古玩城、琉璃厂等大型古玩市场上经常能够看到彩陶。最常见的就是马家窑文化的彩陶，正品的仰韶彩陶精品是非常少见的，通常是真伪参半，非常难分辨。彩陶价值高低和研究价值以及艺术价值都有关系，综合了研究价值和艺术价值，彩陶本身就会有很高的经济价值。另外，考虑到“物以稀为贵”，少量彩陶即使研究价值或者是艺术价值不是特别高，它的价格也会很高。

中国彩陶的收藏市场集中于国内，国际上当然也有彩陶的收藏，但数量和种类并不多。

各型古玩市场、拍卖行都能够发现精美的彩陶，其中有不少珍贵的艺术品，也肯定有部分伪作。真伪鉴别必须要做好，因为伪器在市场上是很常见的，收藏必须要做到心里有数，辨明真伪的同时把心态放平稳，考虑清楚是作为艺术品欣赏而购买，还是作为文物的真品。

彩陶上的绘画是中国绘画的开端，其价值集中于造型艺术、审美艺术、绘画艺术以及色彩艺术等方面，相比于现代社会，其艺术的借鉴作用更为明显，这也是每一个画家和艺术工作者所追求的。

清代 陶笔洗

唐代 陶马

彩陶拥有很高的研究价值，通过研究陶器，就能够知道新石器时代政治、经济、文化的特点。原始社会时文字还没出现，彩陶像是浩瀚的史书，翔实地记录了遥远的时代曾经出现过的一些事情。

正是因为彩陶本身的艺术价值和研究价值，促使彩陶具有了非常高的经济价值，让越来越多的人了解彩陶、收藏彩陶。

◆ 收藏的渠道

收藏彩陶可以通过许多的渠道，例如拍卖行、文物商店、群众自发性的艺术品市场等。在如此之多的渠道中，最可靠的是文物局系统中的文物商店，原因有三方面：一是通常这种文物商店开店时间比较长，底子较为深厚；二是文物商店货物有相对较多的真品；三是自发的艺术品市场，其特点是零散，出售的彩陶真伪参半，难以辨认，全凭自己的眼力，难免有失。

北魏 陶罐

清代 虎纹陶器

拍卖行的拍品中经常能够看到彩陶，新石器时代不同文化类型的彩陶都有，拍品都很有价值。拍卖行基本上只是中介，其拍品真假并无保证，完全由竞买者自己来判断。这也锻炼了竞买者的能力，拍卖行的确是彩陶收藏的一个好去处。

自发性艺术品市场通常规模不大，这要结合当地收藏者的购买能力和自身的需求，例如在一些路段、角落，三五户成群，最多的时候也只有十几家。这类市场不稳定，营业地点也经常更换，通常说来，这种市场上很难有真品。

汉代 铺首盘口陶罐

水滴可以汇成海洋，小贩经常会前往古玩市场进货，之后再去大的古玩市场销售，如此才形成了大中型的古玩市场。购买彩陶建议去这类市场，但是，在这类古玩市场想要获得真品并非易事，需要很好的眼力。

彩陶收藏家通常也是依据地域进行划分的，比如彩陶文明深远的地区就会有大量彩陶收藏家。这些收藏家的藏品种类是很丰富的，通常也不会主动出售，多为自己欣赏，可是只要诚心想买，还是有成交可能的。

民间的收藏机构很多，根据统计数据可以知道：我国的各类民间收藏机构有几千家，从上到下，甚至县级的城市均设有收藏协会，这都是带有收藏性质的团体。民间团体的力量是非常大的，这种团体肩负着对本地区的收藏者进行收藏、交流、鉴定、培训等许多任务，此类机构通常都是本地收藏界的权威，能够将大小收藏家联系到一起。这些收藏机构我们也需要经常去。

◆ 彩陶的养护

彩陶养护的第一步肯定是清洗，第二步是复原，复原的过程相对复杂。按照复原的不同目的来区分，可以将彩陶的复原分成研究修复、商品修复和陈列修复。

研究修复主要是为了给考古研究找到更加完整的实物资料，把那些破碎、断裂、残缺的陶器复原到原来的样子，就需要进行修复。

商品修复的动机是恢复文物本来的面貌，最终还原文物的艺术审美价值，从而带来充足的商业利润。通常我们需要将文物表面的那些纹饰恢复完好，这需要经过清洗、拼接、配补等工序。

清代 陶碗

陈列修复的目的是给博物馆提供实物展品，方便观赏者参观。通常来说，陈列修复比商业修复要略差，只需要将大面积的损坏痕迹修补完整就可以，某些情况下还要保留一些损坏的部位以供鉴赏。

综合来说，修复的最终目的就是保护和利用被修复的文物。

1. 清洗

彩陶清洗的难度比较高，因为彩陶长期埋藏在泥土中，土蚀相当严重，第一步需要清理掉彩陶表面及其断裂面的灰土和污垢，这能给下一步的复原打好基础。除彩绘陶外，可以把彩陶直接放到清水当中，使用的水必须是纯净水。先用抹布轻轻擦掉表面及底部的泥土，如果遇到很坚硬的泥块，仅仅使用抹布并不能清理干净，我们需要使用其他的方法处理，不要用力擦，更不要用手抠，因为这会损伤陶器的表面。可先使用乙醇（95％）滴在泥块上进行软化，然后使用牛角刀剔除，最后用棉花球蘸上乙醇擦洗陶器表面，直到棉花球上没有任何灰尘为止。

唐代 牵马俑

唐代 邛窑陶器

2. 拼接

修复的过程主要是拼接和配补。拼接就是用黏合剂把破碎的彩陶片进行黏合，根据碎片本身的形状、花纹和色彩，一块一块进行拼接，随后进行调整。

3. 配补

配补就是最终的步骤了，通常是将损坏或已丢失的部位恢复至原先的样子。配补有多种方式，包括填补、模补。通常来说，残缺面积很小的地方，直接使用麻布填补后，进行修整就可以了，缺口相对较大的地方则需要进行模补。配补后的彩陶表面很粗糙，有时候甚至凹凸不平，因此我们要调整修补材料，特别是要对用石膏进行修补的表面进行修整。修整后的石膏面就相对平整了，再用砂纸打磨，经过整个修复过程后，基本就能复原彩陶的本来面貌了。

文明史话：陶器收藏与鉴赏

编｜委｜会